CHRISTMAS ACTIVITY BOOK

AGES 8-10

Welcome!

This book belongs to:

____

Thank you for choosing our Christmas Activity Book! It's great to see that you enjoy doing these activities as much as we do!

This is a big workbook! It was made for you to make sure you get to do all the activities you could ever want. It'll offer hours of entertainment and a refreshing way to both unplug and improve your brain functions through coloring, hand-eye coordination, problem solving, and so much more!

COLOR TEST PAGE

1
2
3
4
5
6
7
8
9
10
11
12
13
14
15
16
17
18
19
20
21
22
23
24
25
26
27
28
29
30
31
32
33
34
35
36
37
38
39
40
41
42
43
44
45
46
47
48
49
50

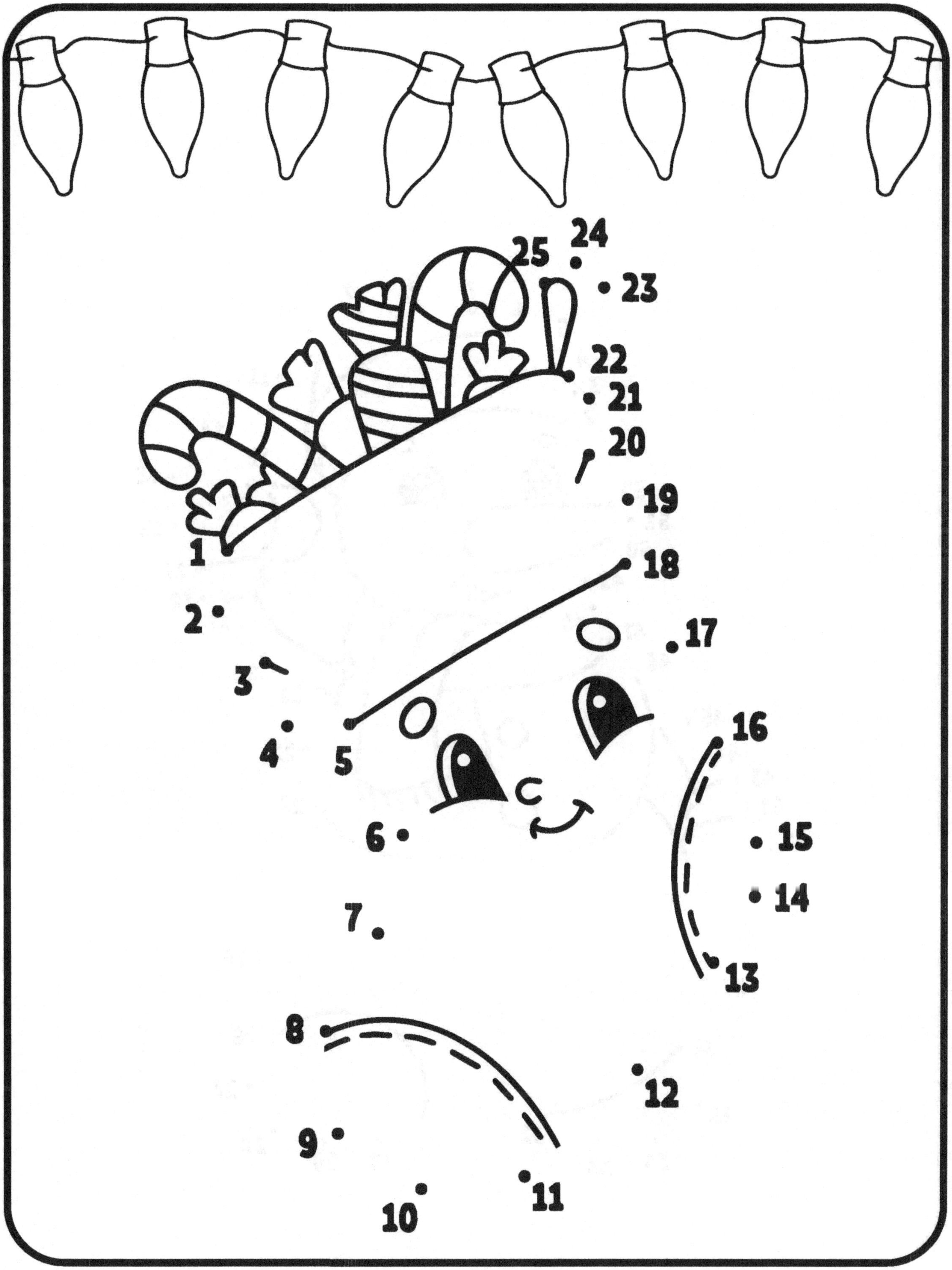
1
2
3
4
5
6
7
8
9
10
11
12
13
14
15
16
17
18
19
20
21
22
23
24
25

1
2
3
4
5
6
7
8
9
10
11
12
13
14
15
16
17
18
19
20
21
22
23
24
25
26
27
28
29
30
31
32
33
34
35
36
37
38
39
40
41
42
43
44
45
46
47
48
49
50
51
52

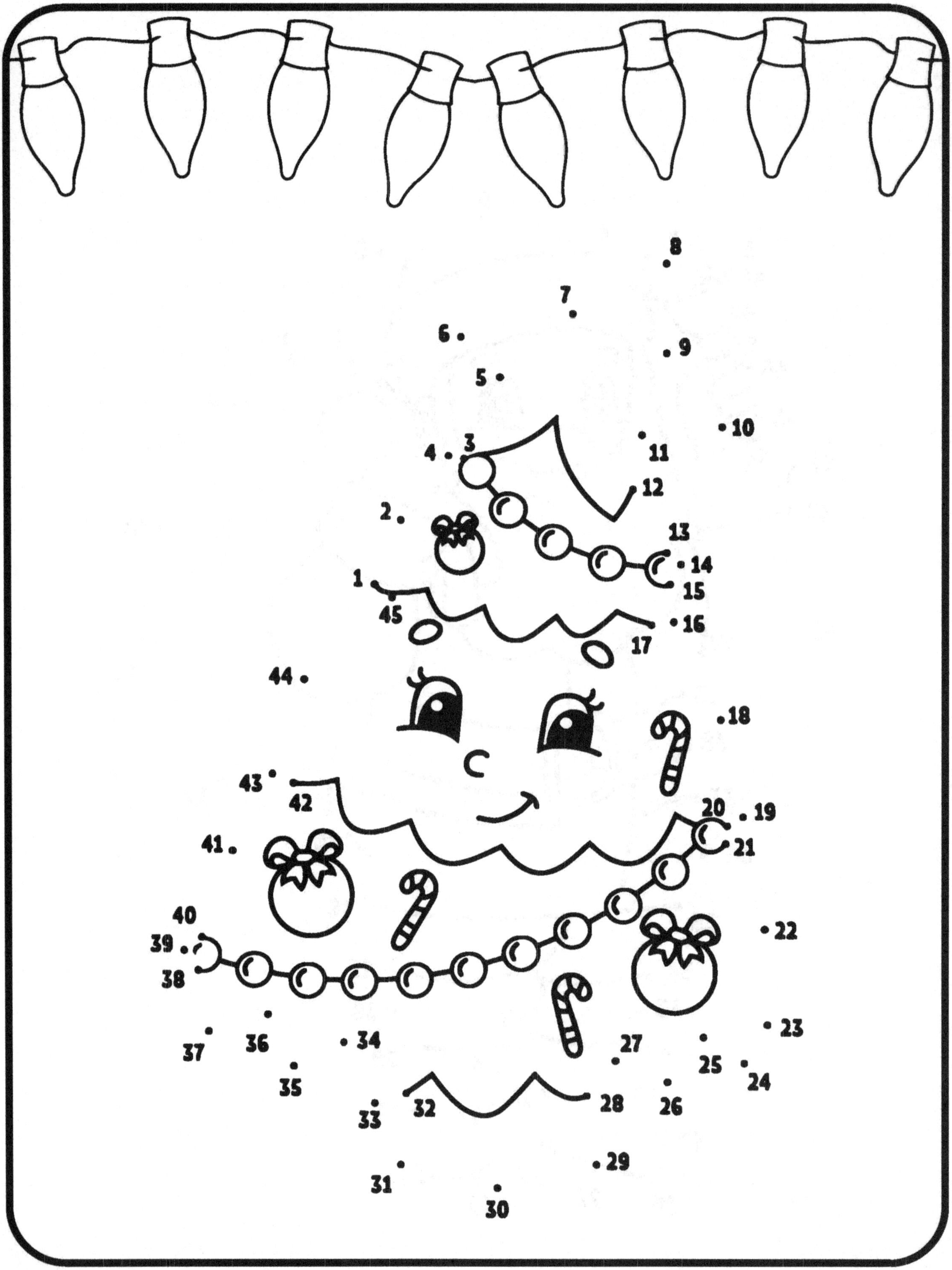
1
2
3
4
5
6
7
8
9
10
11
12
13
14
15
16
17
18
19
20
21
22
23
24
25
26
27
28
29
30
31
32
33
34
35
36
37
38
39
40
41
42
43
44
45

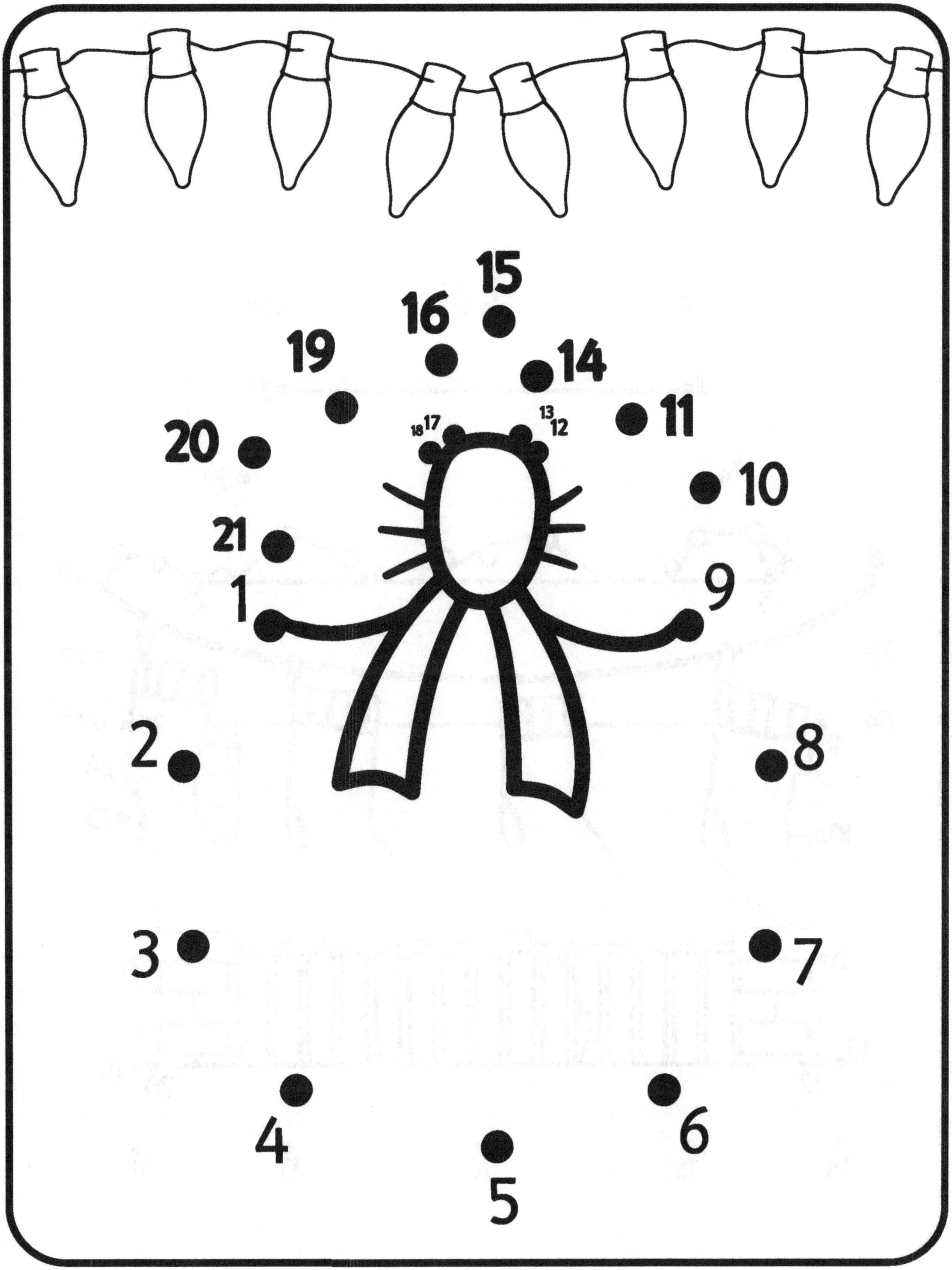
15
16
19
14
18
17
13
12
11
20
10
21
1
9
2
8
3
7
4
6
5

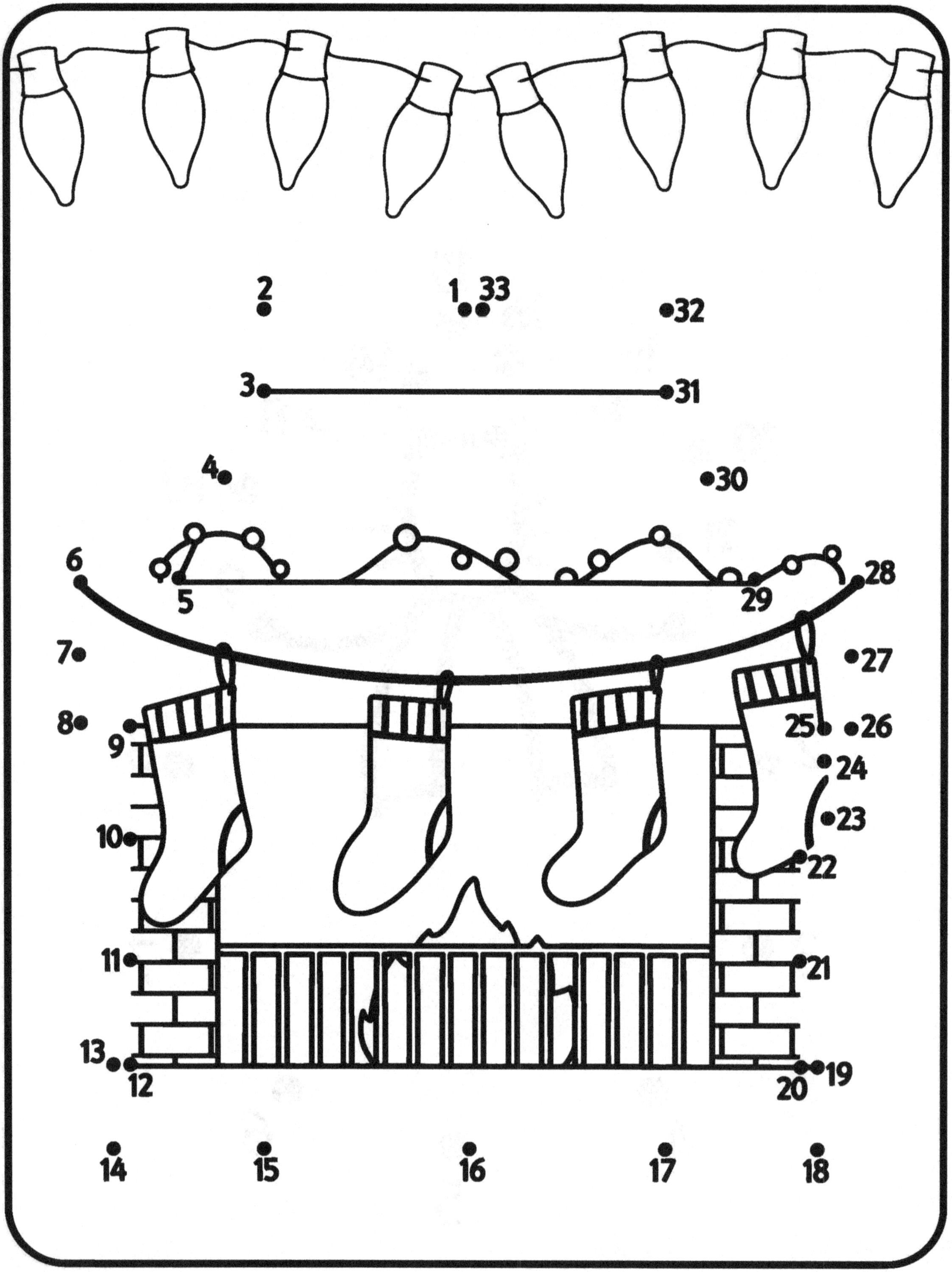
2
1
33
32
3
31
4
30
6
5
29
28
7
27
8
9
25
26
24
10
23
22
11
21
13
12
20
19
14
15
16
17
18

1
2
3
4
5
6
7
8
9
10
11
12
13
14
15
16
17
18
19
20

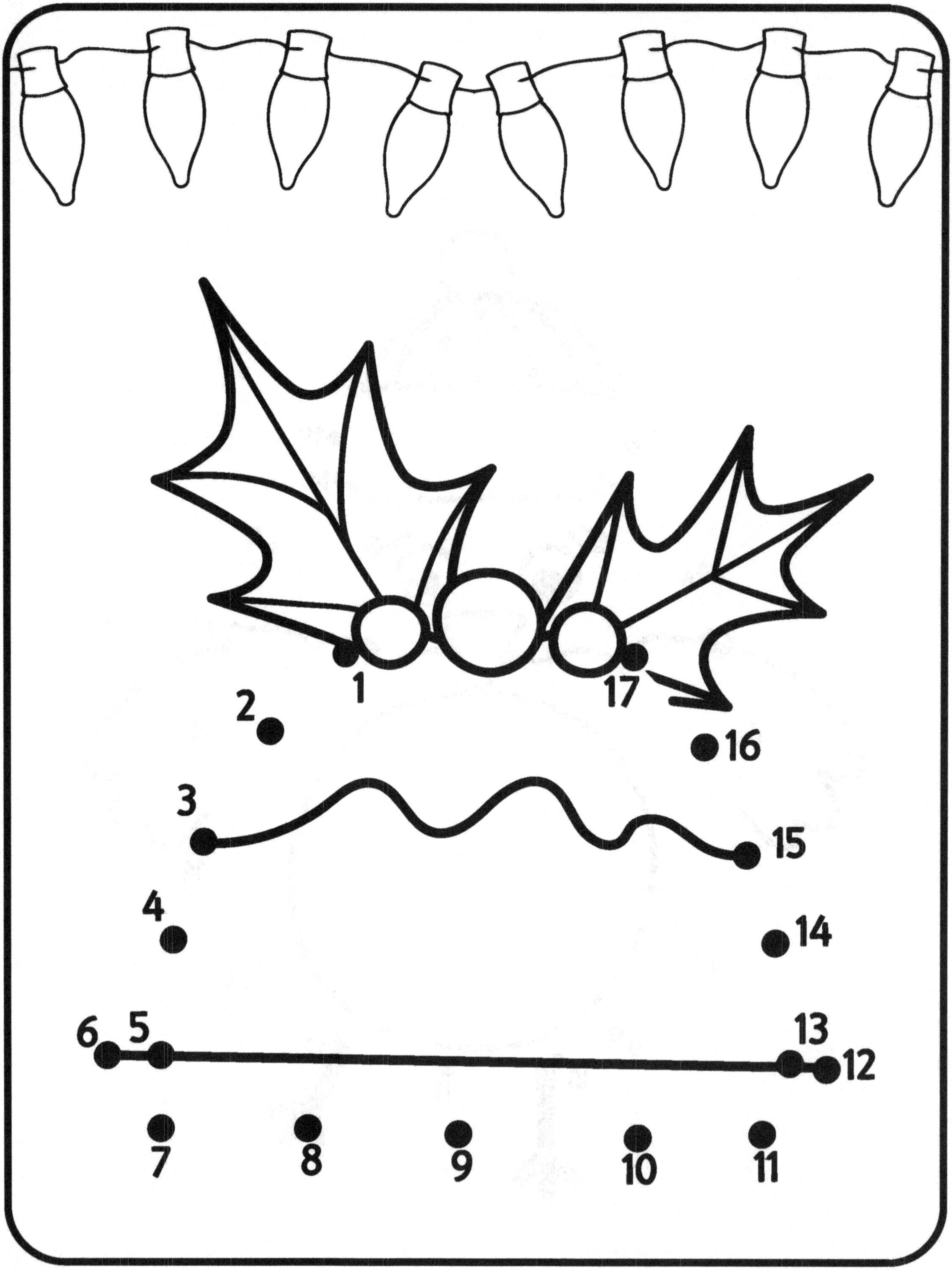
1
2
3
4
5
6
7
8
9
10
11
12
13
14
15
16
17

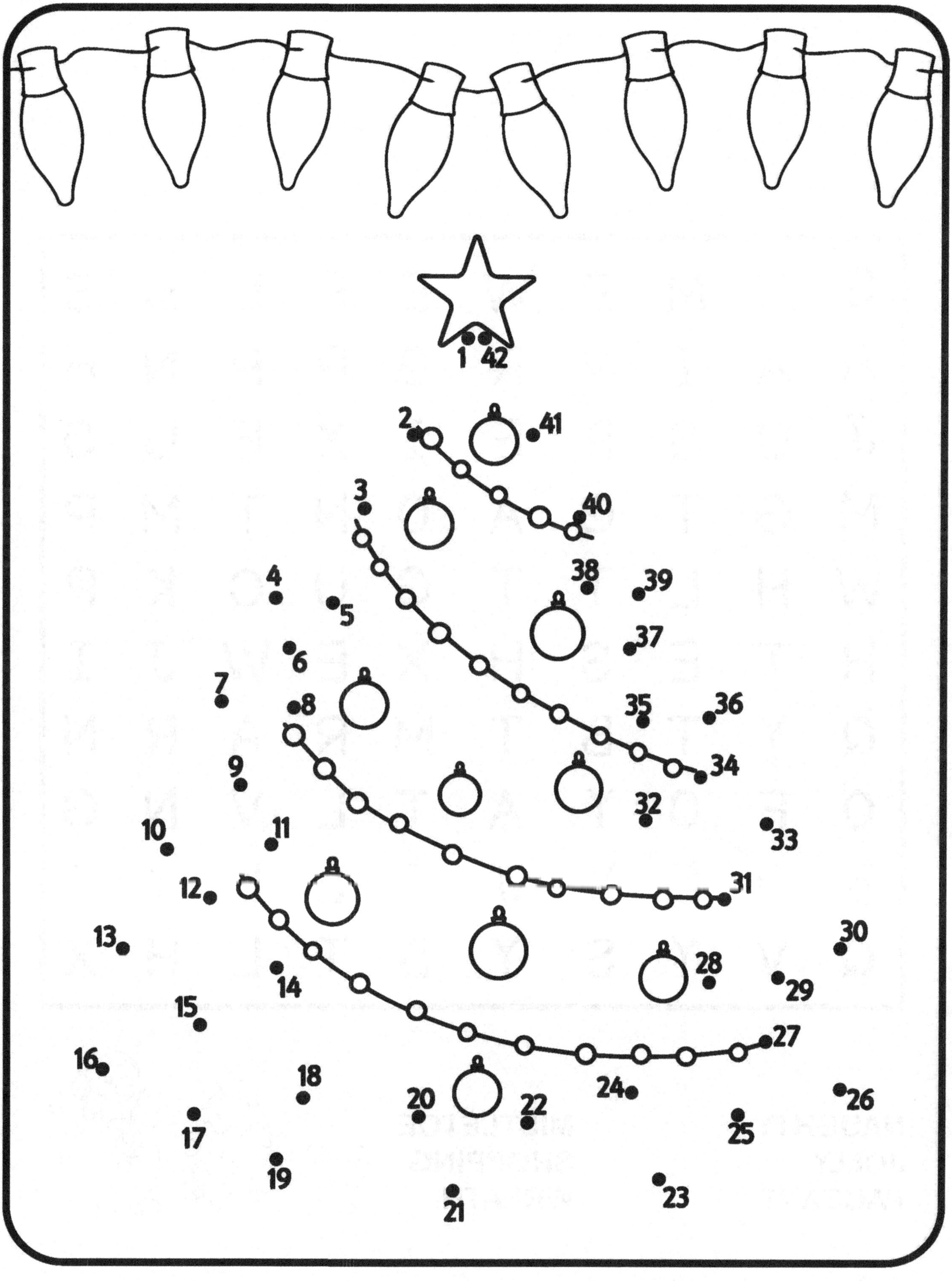
1
2
3
4
5
6
7
8
9
10
11
12
13
14
15
16
17
18
19
20
21
22
23
24
25
26
27
28
29
30
31
32
33
34
35
36
37
38
39
40
41
42

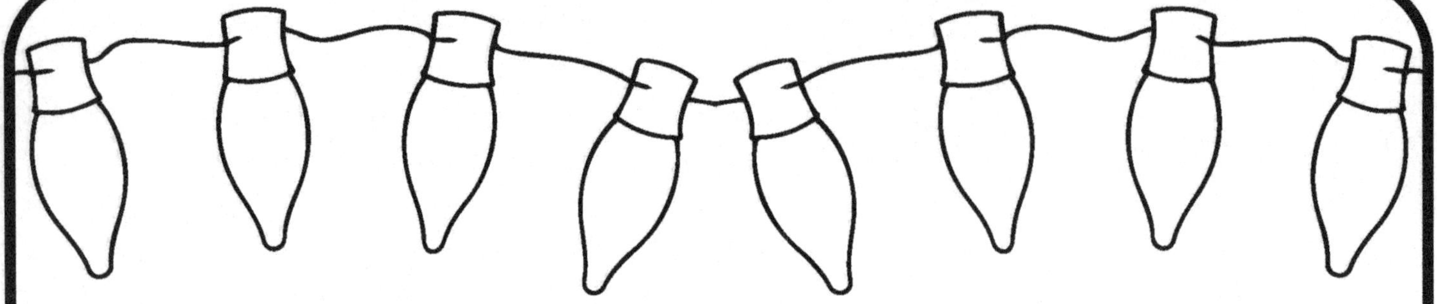

S	N	M	P	W	E	P	L	B	S
A	A	I	V	R	O	P	P	N	H
J	U	S	P	E	I	X	F	U	O
M	G	T	G	A	O	N	T	M	P
W	H	L	T	T	G	U	C	K	P
H	T	E	S	H	X	E	W	J	I
Q	Y	T	B	T	M	R	A	R	N
O	F	O	Y	A	T	L	V	N	G
B	Q	E	X	J	O	L	L	Y	T
Q	V	Y	S	Y	B	T	L	H	X

NAUGHTY
JOLLY
PAGEANT

MISTLETOE
SHOPPING
WREATH

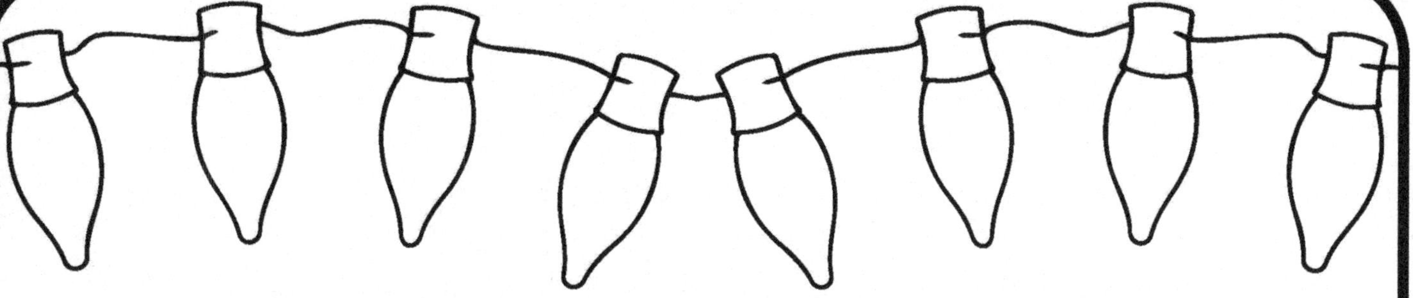

S	A	N	T	A	C	E	S	Y	S
P	K	D	J	M	Q	D	O	R	D
G	I	B	X	R	H	M	C	S	W
U	F	N	V	G	O	V	K	T	Z
X	N	C	E	Y	S	V	S	R	G
V	N	O	Y	C	C	N	T	E	Y
V	X	C	D	H	O	L	O	E	D
Z	Q	N	G	T	B	N	L	W	V
Q	K	D	A	B	K	V	E	N	J
Z	R	E	I	N	D	E	E	R	P

SANTA
SOCKS
REINDEER

PINECONE
TREE
SNOW

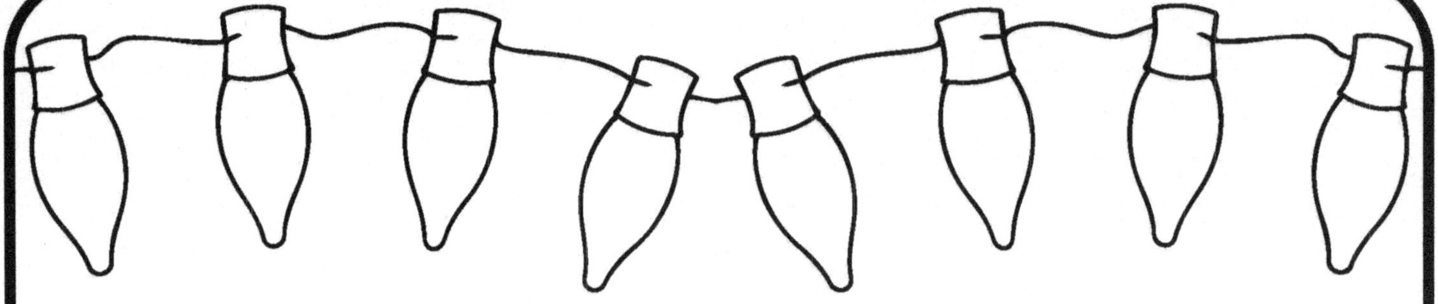

C	N	S	R	S	E	P	K	S	L
C	A	V	A	O	T	L	T	O	Y
J	O	D	T	K	N	N	D	X	P
O	B	M	I	T	T	E	N	S	I
H	G	E	I	I	S	G	Y	I	E
K	Z	K	R	A	M	P	U	S	D
L	I	G	H	T	S	S	D	V	S
J	N	O	E	L	X	W	W	Y	Z
A	T	P	W	C	W	Q	H	V	G
D	G	I	V	L	R	O	Z	T	S

MITTENS
LIGHTS

NOEL
PIE

F	F	R	U	I	T	C	A	K	E
M	I	S	B	U	W	U	O	H	R
X	H	R	F	J	E	S	U	S	O
S	P	O	E	E	G	G	N	O	G
Z	R	C	T	P	X	X	M	V	E
G	A	X	G	C	L	D	P	U	B
I	B	I	W	M	I	A	R	Q	U
F	C	P	S	N	D	D	C	W	M
T	A	F	A	O	B	B	E	E	A
D	F	N	J	Y	J	J	Q	R	Z

EGGNOG
JESUS
FIREPLACE
HOT CIDER
CIDER
FRUITCAKE
GIFT

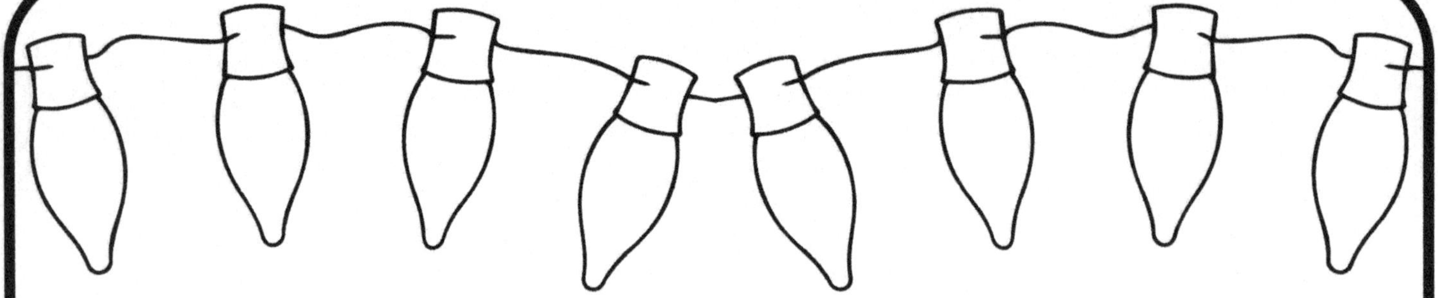

C	U	N	K	U	J	K	F	B	V
L	B	U	W	C	B	C	O	J	V
G	L	K	P	O	L	A	B	A	T
G	U	C	H	O	D	N	T	J	I
G	S	A	N	K	A	D	N	G	V
M	T	N	X	I	U	Y	R	M	K
E	E	G	Y	E	W	C	C	F	K
L	R	E	S	H	X	A	A	D	L
F	Y	L	T	N	H	N	R	V	K
F	B	X	Q	G	V	E	D	I	Z

ANGEL
BLUSTERY
COOKIE

CANDY CANE
CARD
ELF

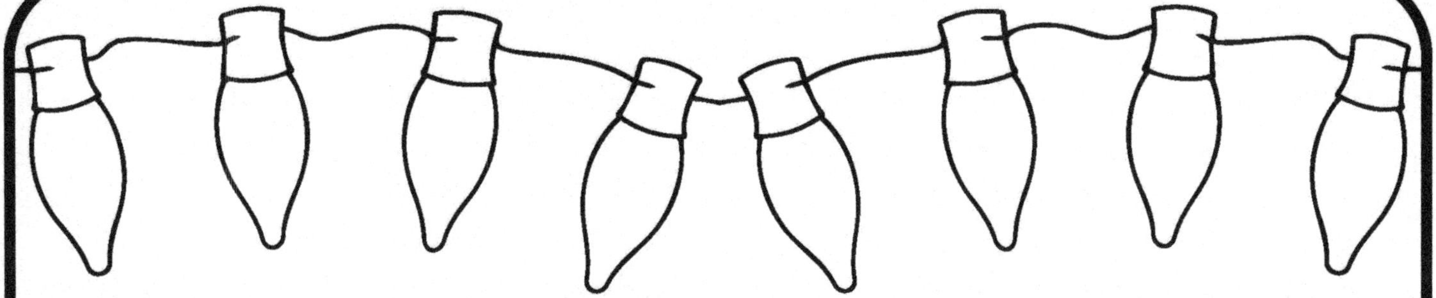

B	V	A	M	X	V	T	Y	G	V	N	K	N	T	W
X	S	D	B	F	O	S	S	A	R	L	P	F	P	L
G	G	G	L	P	W	B	C	A	R	U	I	Y	Z	X
C	T	V	R	C	C	S	G	G	E	R	W	I	G	I
L	C	Y	Y	E	A	X	I	G	X	F	V	A	C	U
A	O	Q	S	D	E	P	B	C	E	Y	G	I	T	H
N	L	D	N	T	W	T	R	A	Y	X	C	O	A	A
E	D	F	E	E	H	R	I	J	T	L	X	E	A	L
D	Z	V	F	O	M	G	H	N	E	Z	G	P	Q	P
J	R	M	N	M	A	H	I	O	G	G	G	K	O	B
I	J	W	I	P	L	U	H	L	N	S	O	M	D	F
S	J	O	U	R	N	O	R	O	I	Y	L	C	L	F
U	K	X	P	O	L	V	G	Q	R	K	O	E	P	S
P	M	L	J	L	O	X	P	M	P	T	T	J	Q	U
T	N	S	Y	Y	E	F	M	B	F	K	I	J	X	Z

BOX
CAP
COLD
EGGNOG
ELF
FEAST
FIR
GREETINGS
HOLLY
ICICLE
ICY
IVY
JOY
LIGHTS
LOG

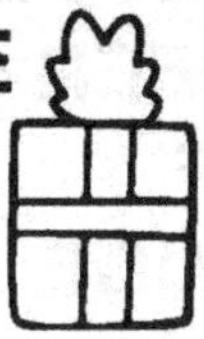
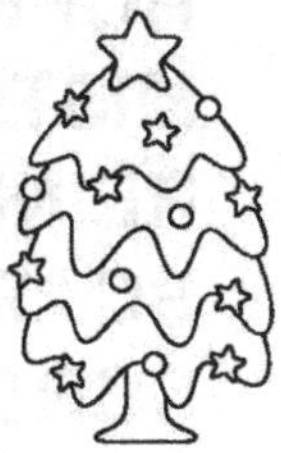

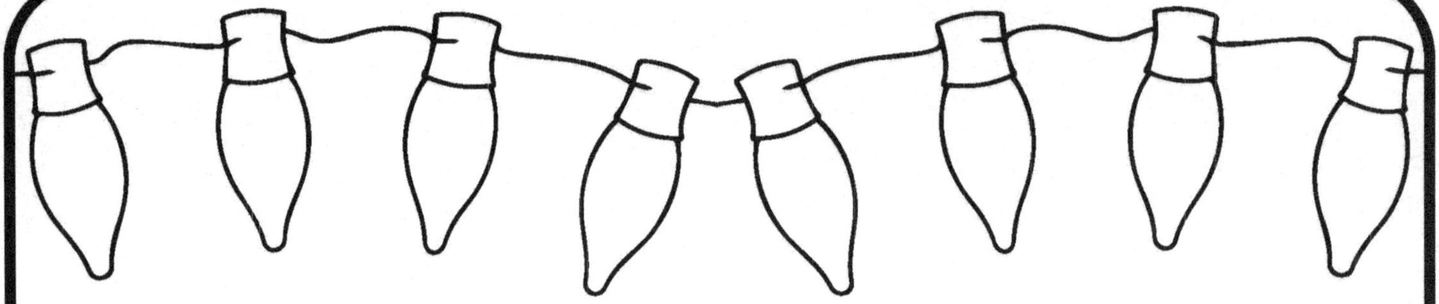

I	L	H	A	P	P	Y	R	X	J	P	F	E	O	Y
A	Q	E	H	W	R	A	C	S	H	R	I	Z	F	S
S	S	D	T	P	R	Z	N	C	Z	A	R	X	Y	I
C	R	M	V	A	C	Z	R	R	I	R	E	S	O	S
A	H	E	E	N	R	L	F	O	C	S	P	M	N	N
R	H	P	T	O	J	O	I	O	D	G	L	C	W	O
F	F	E	X	A	T	H	C	G	I	N	A	Z	Z	W
Z	R	A	J	I	E	E	O	E	T	I	C	G	T	P
Z	L	E	M	P	K	W	L	P	D	D	E	Q	B	F
Z	T	H	E	I	Y	N	S	T	E	I	I	U	Z	J
K	Z	K	G	D	L	U	L	G	S	T	Z	Y	H	N
S	S	U	B	A	N	Y	X	B	I	I	K	A	J	J
V	Y	O	D	A	B	I	Z	D	S	F	M	H	V	G
K	W	F	H	G	R	E	E	N	P	P	T	F	W	R
W	B	Q	P	U	Q	L	S	R	W	G	B	T	U	A

BOW
DECORATE
FAMILY
FIREPLACE
GIFT
GREEN
HAPPY
HOPE
MISTLETOE
REINDEER
SCARF
SCROOGE
SNOW
SWEATER
TIDINGS

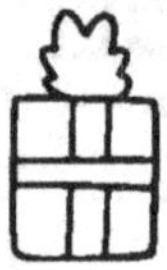

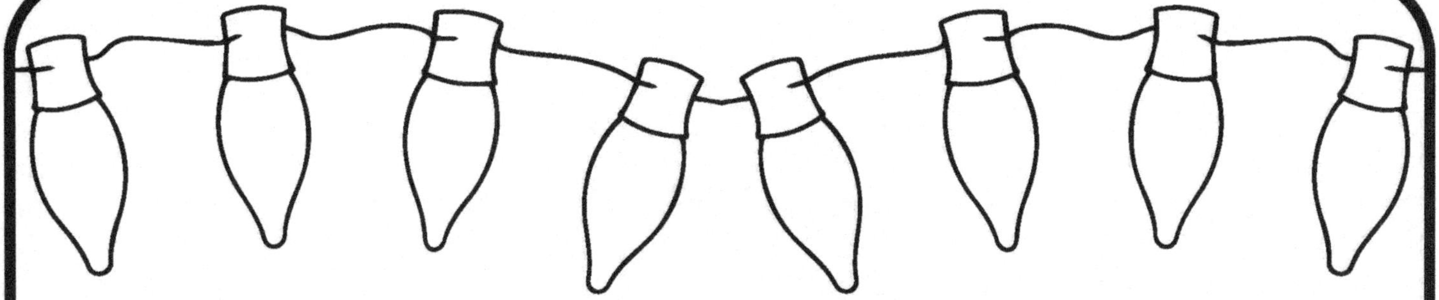

N	J	A	C	K	F	R	O	S	T	A	E	X	U	W
K	Q	J	N	Z	W	Z	P	G	U	I	A	I	C	F
F	R	C	A	M	D	W	J	D	T	E	R	N	P	C
K	O	H	R	R	L	Y	Q	W	L	E	B	B	H	S
T	U	P	A	R	T	R	I	D	G	E	C	A	K	L
B	Y	T	O	O	T	L	N	U	N	Z	R	A	I	N
B	N	J	H	C	Y	A	Q	Z	F	I	T	S	Y	Q
O	V	A	N	M	C	R	E	B	T	E	T	Q	X	F
O	T	R	M	N	Y	F	R	Y	Q	V	I	L	V	P
T	V	Z	U	W	B	C	D	E	B	G	M	Q	F	M
S	C	T	R	D	O	R	V	S	M	U	N	Z	X	D
U	B	E	Y	T	A	N	H	V	F	M	Q	L	I	R
F	D	Q	E	C	J	B	S	D	W	R	E	A	T	H
Q	Y	O	X	E	V	E	R	G	R	E	E	N	B	I
G	U	V	C	K	N	P	Q	C	A	R	O	L	L	L

BOOTS
CANDLE
CARD
CAROL
CHARITY
EVERGREEN

JACK FROST
LIST
MERRY
PARTRIDGE
PIE
RED

SKATE
SNOWMAN
WREATH

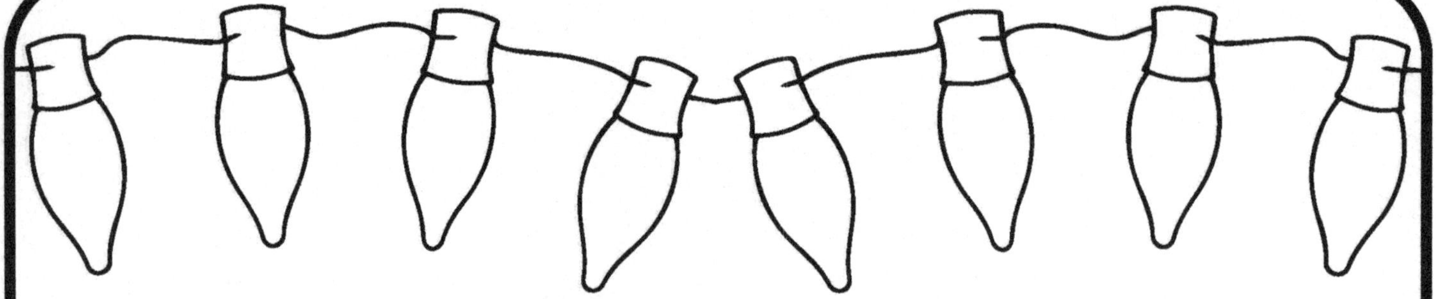

F	S	Q	R	C	Q	P	L	N	P	F	G	S	Z	I
W	A	J	P	D	B	W	N	Z	O	M	K	R	R	H
W	L	F	E	S	D	R	E	T	K	C	E	M	G	N
X	E	L	V	U	S	N	L	T	O	X	X	I	P	C
G	S	P	N	A	E	G	O	S	J	M	E	H	E	S
R	B	L	A	L	Q	X	P	Y	A	L	N	R	Z	Q
C	V	W	U	C	S	M	H	S	S	H	O	S	Y	E
A	Z	R	G	A	N	X	T	T	K	S	C	M	O	R
O	V	A	H	T	E	R	R	O	S	I	E	N	T	H
M	D	P	T	N	T	I	O	C	Z	W	N	R	K	R
A	P	V	Y	A	T	R	N	K	I	W	I	E	X	A
Q	Y	U	I	S	I	A	V	I	R	U	P	C	G	T
B	Q	Y	S	S	M	F	E	N	K	F	X	D	T	S
A	H	W	M	T	I	S	S	G	Z	O	I	Z	N	O
X	W	Z	T	Y	T	T	L	L	M	S	L	D	N	H

MITTENS
NAUGHTY
NORTH POLE
PINECONE
SANTA CLAUS
SLEIGH
SOCKS
STAR
STOCKING
TOY
WISH
WRAP
XMAS

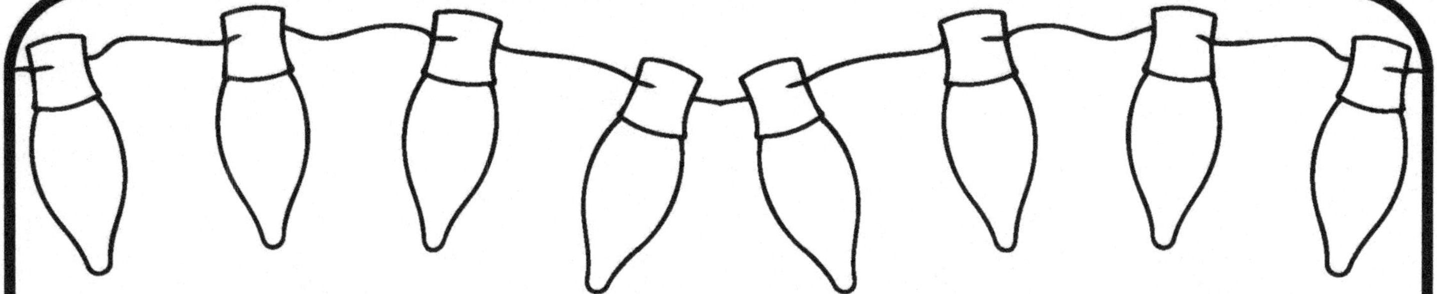

V	A	T	L	V	C	F	B	N	C	K	O	V	S	G
S	Y	X	O	J	N	N	S	S	U	E	V	I	G	O
K	S	V	V	E	V	Q	E	R	C	W	O	G	T	Q
R	V	Y	E	L	R	A	S	F	R	O	S	T	Y	D
P	Y	S	G	K	S	H	G	V	J	N	G	K	N	N
R	Z	T	K	O	N	V	M	R	O	S	O	W	O	L
K	O	O	N	I	O	J	Z	S	L	I	R	S	E	C
U	Y	E	P	Q	D	R	I	E	L	Z	S	S	L	N
K	P	P	M	I	N	C	E	N	Y	J	N	Z	Z	J
B	Y	N	U	W	E	E	R	T	G	I	S	V	P	W
N	H	Z	F	E	I	L	K	I	T	L	C	M	G	U
U	G	X	D	U	W	R	V	Y	B	O	E	W	K	A
U	U	Z	S	M	G	M	H	O	A	B	D	I	M	D
Y	O	G	X	Z	K	U	K	L	F	C	O	M	A	L
D	B	L	E	C	I	O	J	E	R	J	P	N	Y	V

BOUGH
COAL
FROSTY
GIVE
JINGLE
JOLLY
LOVE
MINCE
NIPPY
NOEL
REJOICE
RIBBON
SEASON
TINSEL
TREE

1
2
3
4
5

1 orange
3 blue
5 brown
2 grey
4 red

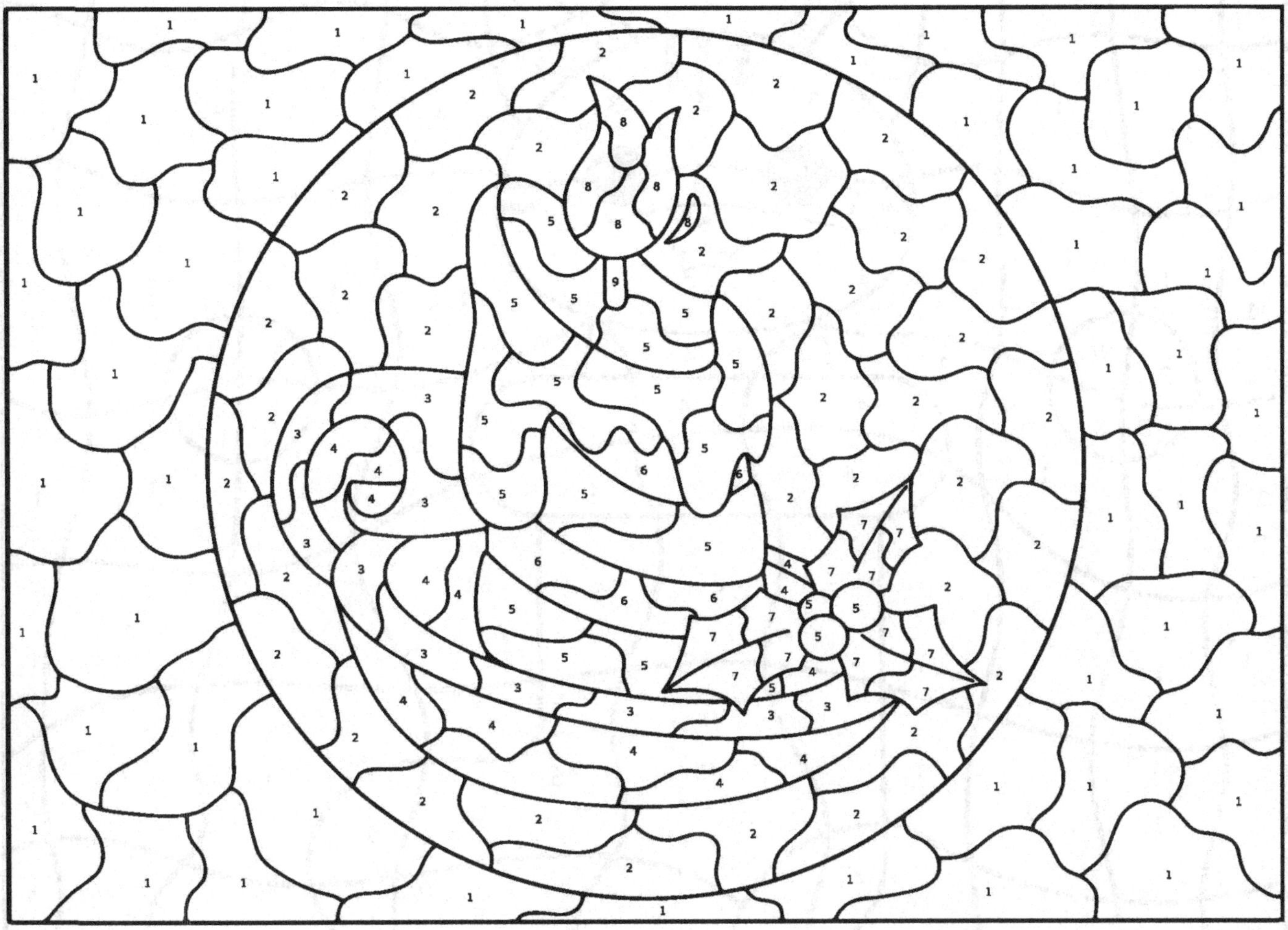

1	Light Pink
2	Soft Orange
3	Light Brown
4	Brown
5	Bright Yellow
6	White
7	Green
8	Yellow
9	Black

- 1 Light Blue
- 2 Soft Orange
- 3 Orange
- 4 White
- 5 Red

1	Blue	3	Sky Blue	5	Bright Yellow	7	Orange
2	Light Blue	4	Acid Green	6	Brown	8	Gray

1	Light Blue	4	Deep Green	7	Light Yellow
2	Chartreuse Yellow	5	Red	8	Black
3	Green	6	White	9	Orange

1 blue	3 orange	5 red
2 light blue	4 beige	6 dark red
	7 black	

1 Brown
2 Brownish Yellow
3 Red
4 Bronze
5 Sky Blue
6 Deep White

1	red
2	blue
3	yellow
4	brown
5	pink
6	grey
7	green

1 White	3 Blue	5 Yellow	7 Brown
2 Light Blue	4 Dark Blue	6 Red	8 Green

1	Green
2	Red
3	Dark Red
4	Brown
5	Yellow
6	Black
7	Orange
8	Blue
9	Beige

16	+		=	33
+		-		+
	-		=	
=		=		=
25	+		=	29

29	-		=	22
-		+		-
	+		=	
=		=		=
10	-		=	-7

15	+		=	16
+		-		+
	-		=	
=		=		=
27	+		=	18

18	-		=	-2
-		+		-
	+		=	
=		=		=
14	-		=	-9

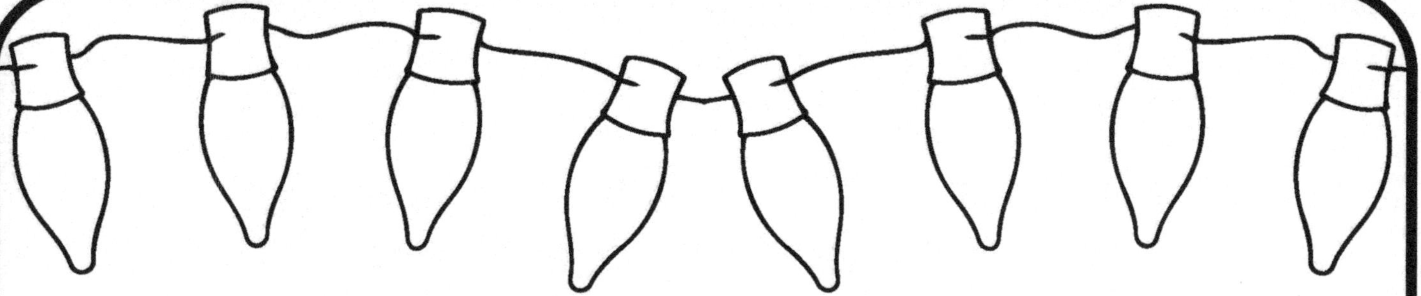

Multiplication

3 x 1 =	7 x 1 =	10 x 1 =
3 x 2 =	7 x 2 =	10 x 2 =
3 x 3 =	7 x 3 =	10 x 3 =
3 x 4 =	7 x 4 =	10 x 4 =
3 x 5 =	7 x 5 =	10 x 5 =
3 x 6 =	7 x 6 =	10 x 6 =
3 x 7 =	7 x 7 =	10 x 7 =
3 x 8 =	7 x 8 =	10 x 8 =
3 x 9 =	7 x 9 =	10 x 9 =
3 x 10 =	7 x 10 =	10 x 10 =

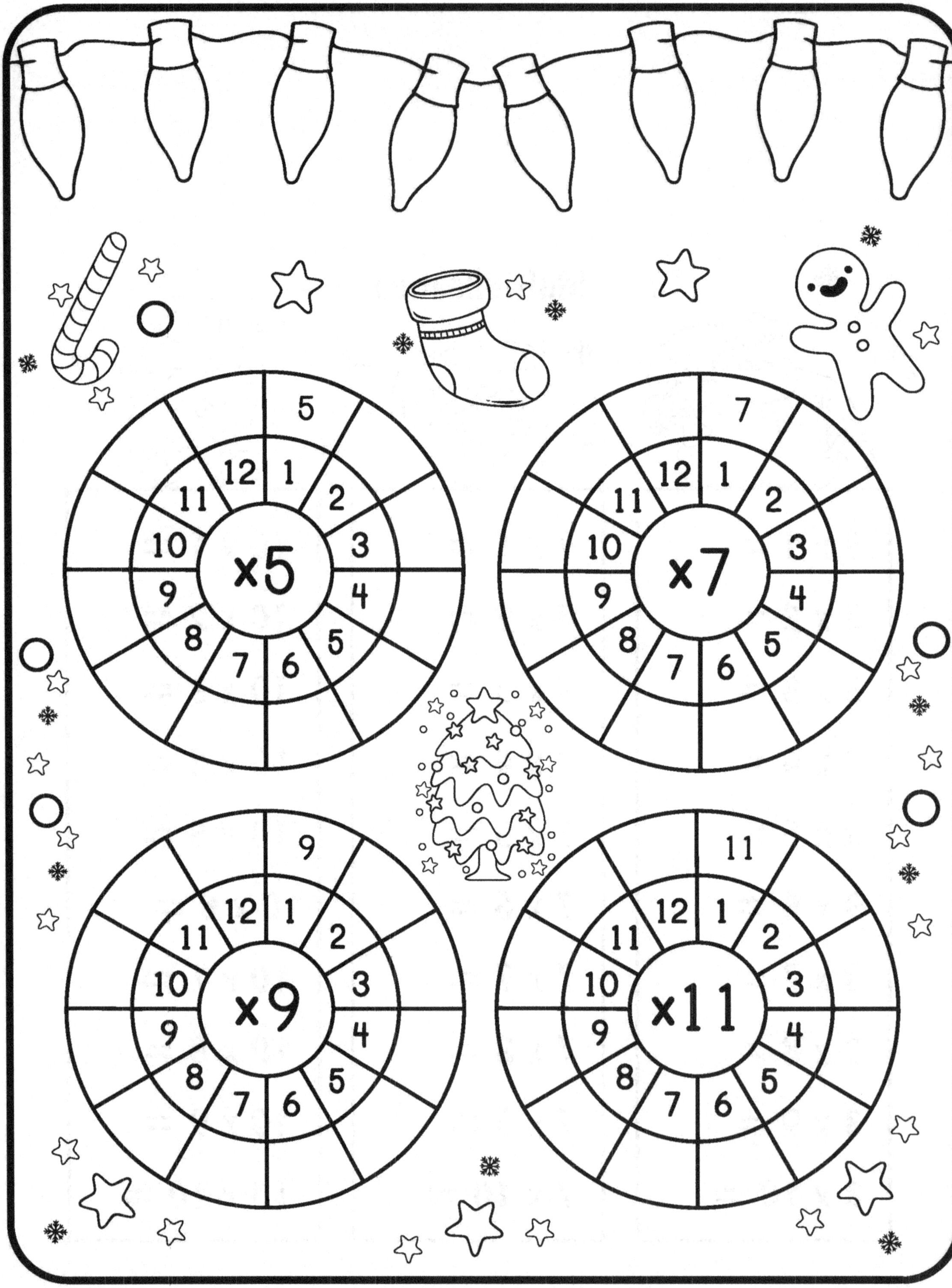

x5
5
12 1 2 3 4 5 6 7 8 9 10 11
x7
7
12 1 2 3 4 5 6 7 8 9 10 11
x9
9
12 1 2 3 4 5 6 7 8 9 10 11
x11
11
12 1 2 3 4 5 6 7 8 9 10 11

Multiplication Table :

4 x 1 =	6 x 1 =	8 x 1 =
4 x 2 =	6 x 2 =	8 x 2 =
4 x 3 =	6 x 3 =	8 x 3 =
4 x 4 =	6 x 4 =	8 x 4 =
4 x 5 =	6 x 5 =	8 x 5 =
4 x 6 =	6 x 6 =	8 x 6 =
4 x 7 =	6 x 7 =	8 x 7 =
4 x 8 =	6 x 8 =	8 x 8 =
4 x 9 =	6 x 9 =	8 x 9 =
4 x 10 =	6 x 10 =	8 x 10 =

Write The Odd Numbers :

1	2		4		6	7	8		10
	12		14		16		18	19	20
	22		24		26	27	28		30
	32		34	35	36		38		40
	42		44		46		48	49	50

Write The Number of Pairs :

1	2	3		5		7		9	
11	12	13		15		17		19	
21		23		25	26	27		29	
31		33		35		37		39	40
41	4	43	44	45		47		49	

Write The Prime Numbers :

1		3	4	5	6		8	9	10
	12		14	15	16		18		20
21	22		24	25	26	27	28		30
	32	33	34	35	36		38	39	40
	42		44	45	46		48	49	50
51	52		54	55	56	57	58		60
	62	63	64	65	66		68	69	70
	72		74	75	76	77	78		80
81	82		84	85	86	87	88		90
91	92	93	94	95	96		98	99	100

Write the Compound numbers :

1	2	3		5		7			
11		13				17		19	
		23						29	
31						37			
41		43				47			
		53						59	
61						67			
71		73						79	
		83						89	
						97			

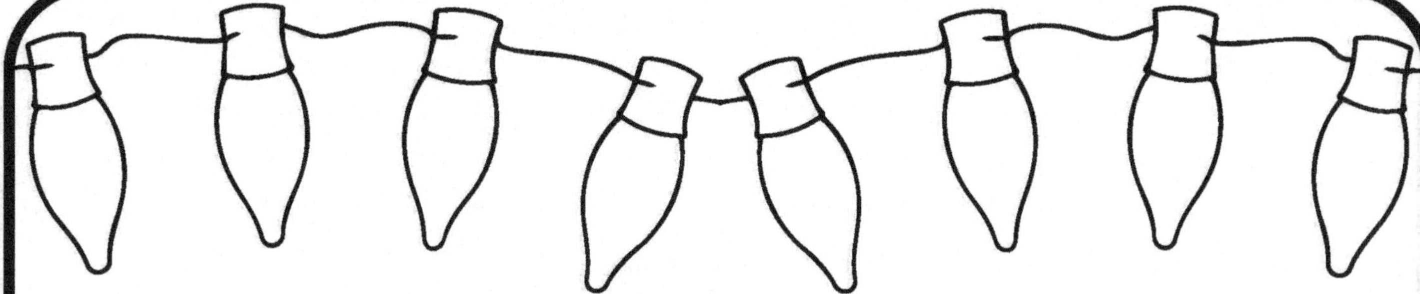

Addition

14 + 24 = ___

24 + ___ = 32

___ + 16 = 25

9 + 51 = ___

___ + 32 = 45

30 + 11 = ___

18 + ___ = 28

___ + 40 = 50

40 + ___ = 60

54 + ___ = 65

2+5+7 =

9+2+6 =

4+3+8 =

2+3+4 =

2+3+5 =

6+4+8 =

5+6+3 =

3+7+9 =

2+6+8 =

5+8+6 =

$$\begin{array}{r} 224 \\ +\ 333 \\ \hline \end{array}$$

$$\begin{array}{r} 658 \\ +\ 367 \\ \hline \end{array}$$

$$\begin{array}{r} 478 \\ +\ 236 \\ \hline \end{array}$$

$$\begin{array}{r} 384 \\ +\ 677 \\ \hline \end{array}$$

$$\begin{array}{r} 986 \\ +\ 779 \\ \hline \end{array}$$

Subtraction

11 - 1 =

19 - 8 =

20 - 3 =

9 - 2 =

20 - 6 =

18 - 5 =

25 - 3 =

33 - 5 =

39 - 7 =

50 - 12 =

13 - 5 = ___

15 - ___ = 11

___ - 7 = 3

19 - 5 = ___

___ - 6 = 9

25 - 7 = ___

17 - ___ = 13

___ - 5 = 15

30 - ___ = 20

35 - ___ = 15

$$\begin{array}{r} 24 \\ -\ \ 7 \\ \hline \end{array}$$

$$\begin{array}{r} 33 \\ -\ \ 9 \\ \hline \end{array}$$

$$\begin{array}{r} 27 \\ -\ 11 \\ \hline \end{array}$$

$$\begin{array}{r} 35 \\ -\ 15 \\ \hline \end{array}$$

$$\begin{array}{r} 40 \\ -\ 20 \\ \hline \end{array}$$

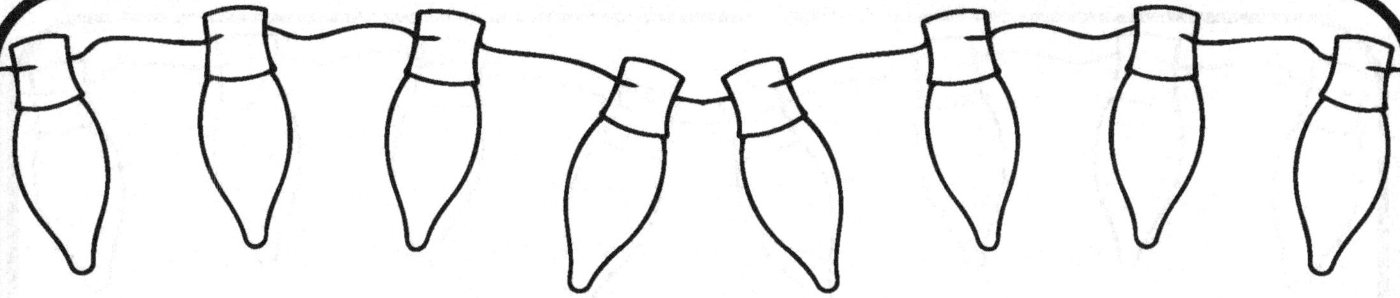

Multiply

___ x 5 = 20	___ x 4 = 24	___ x 6 = 60
4 x ___ = 16	6 x ___ = 0	4 x ___ = 40
___ x 2 = 10	___ x 6 = 36	___ x 2 =20
4 x ___ = 36	7 x ___ = 42	4 x ___ = 16
___ x 8 = 24	___ x 5 = 40	___ x 2 =14
5 x ___ = 30	7 x ___ = 49	9 x ___ = 36
___ x 3 = 18	___ x 3 = 0	___ x 5 =20
7 x ___ = 35	3 x ___ = 12	6 x ___ = 30
___ x 3 = 27	___ x 3 = 15	___ x 6 =54
7 x ___ = 21	5 x ___ = 25	10 x___ = 100

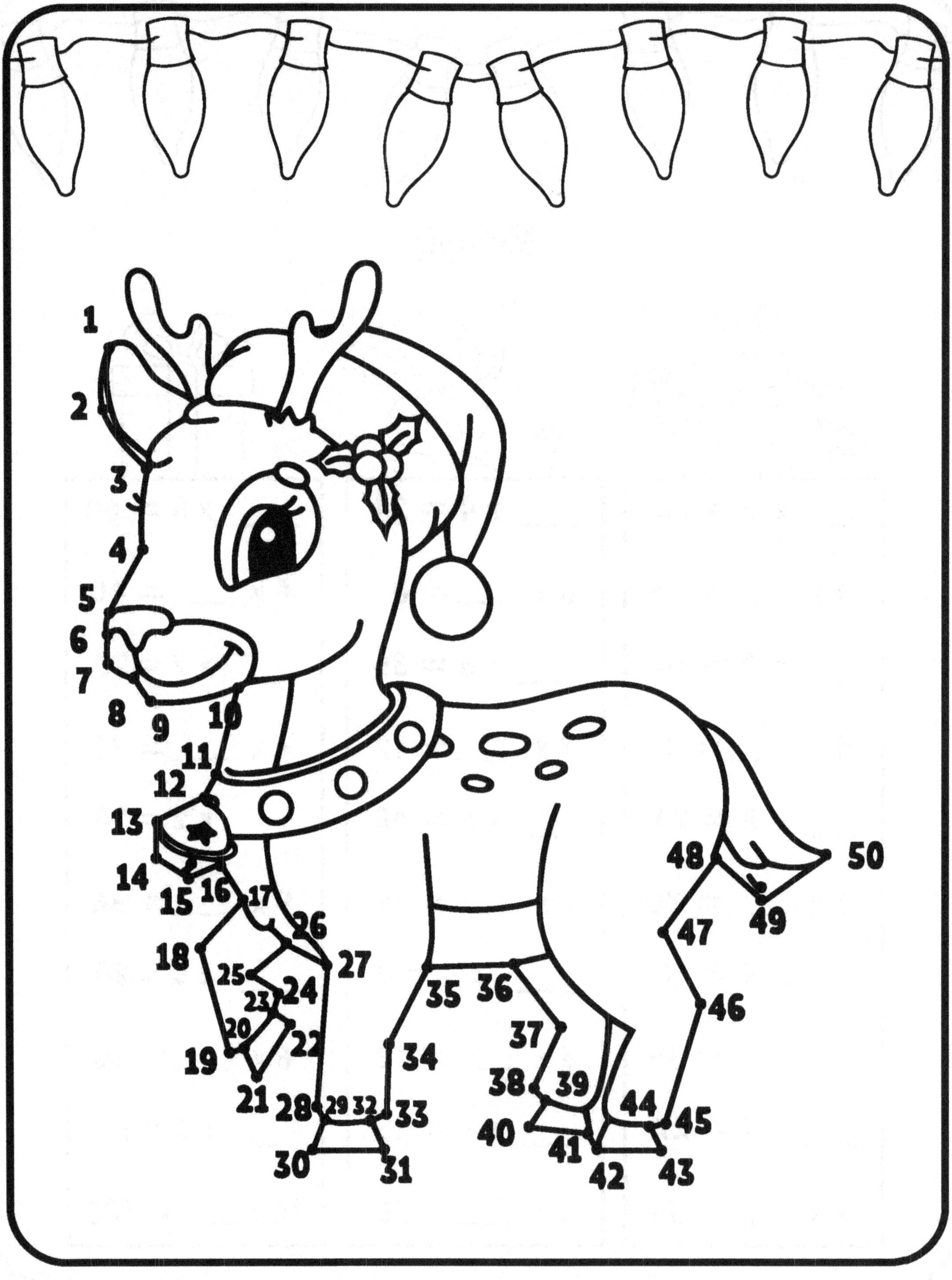

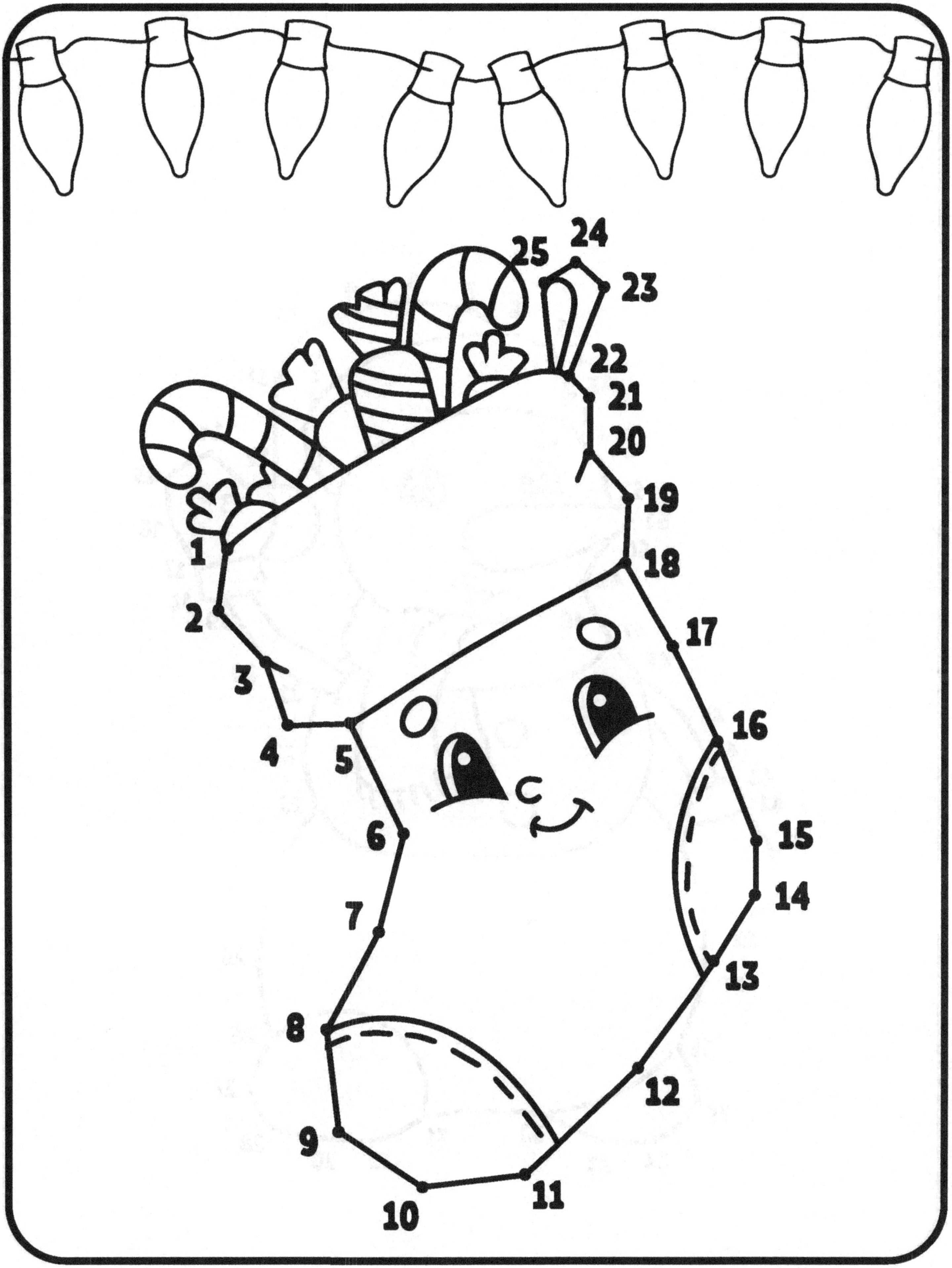
1
2
3
4
5
6
7
8
9
10
11
12
13
14
15
16
17
18
19
20
21
22
23
24
25

1 2 3 4 5 6 7 8 9 10 11 12 13 14 15 16 17 18 19 20 21 22 23 24 25 26 27 28 29 30 31 32 33 34 35 36 37 38 39 40 41 42 43 44 45 46 47 48 49 50 51 52

1
2
3
4
5
6
7
8
9
10
11
12
13
14
15
16
17
18
19
20
21
22
23
24
25
26
27
28
29
30
31
32
33
34
35
36
37
38
39
40
41
42
43
44
45
46
47
48
49

1
2
3
4
5
6
7
8
9
10
11
12
13
14
15
16
17
18
19
20
21
22
23
24
25
26
27
28
29
30
31
32
33
34
35
36
37
38
39
40
41
42
43
44
45

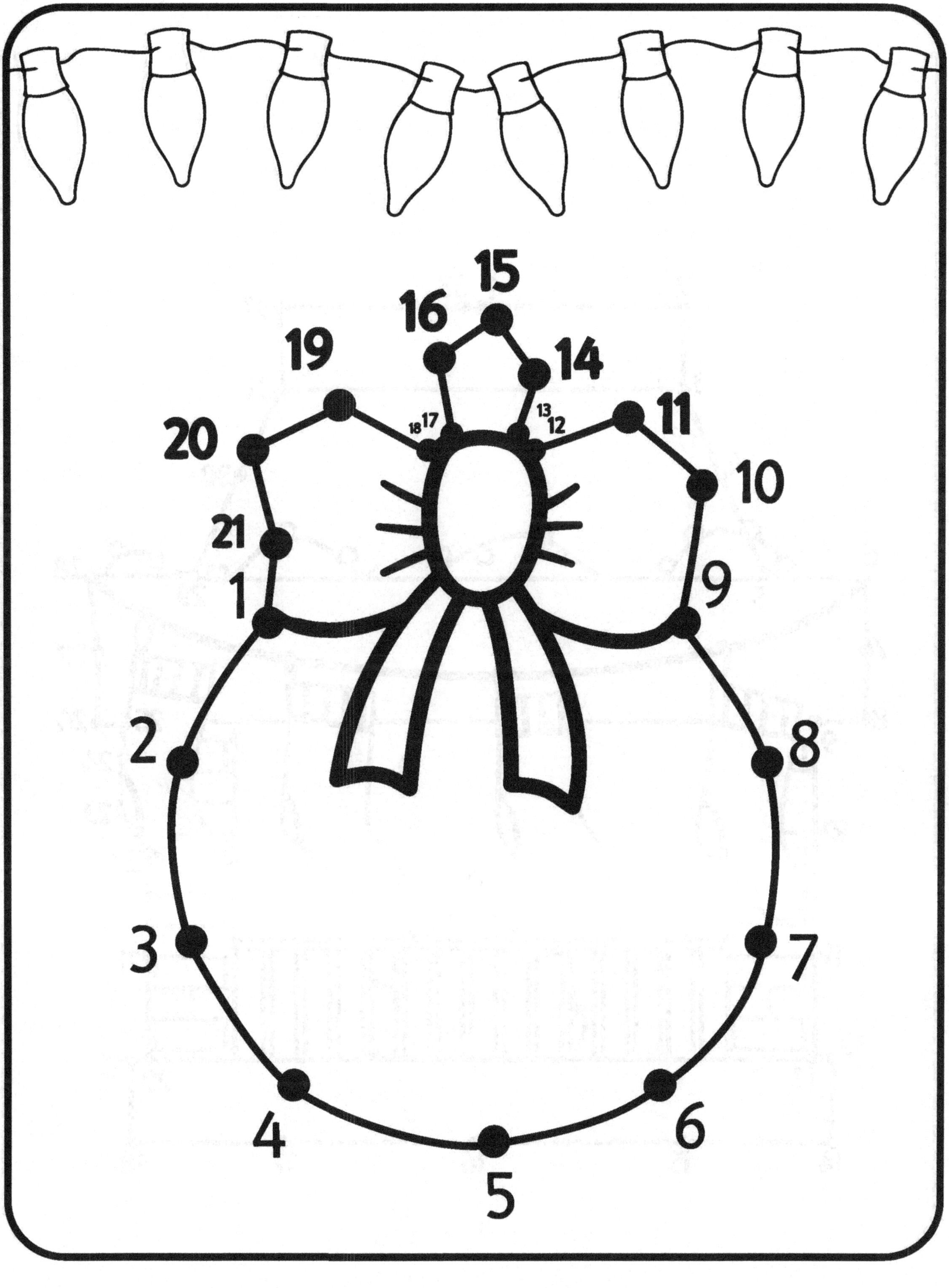
15
16
14
19
18 17
13 12
11
20
10
21
1
9
2
8
3
7
4
6
5

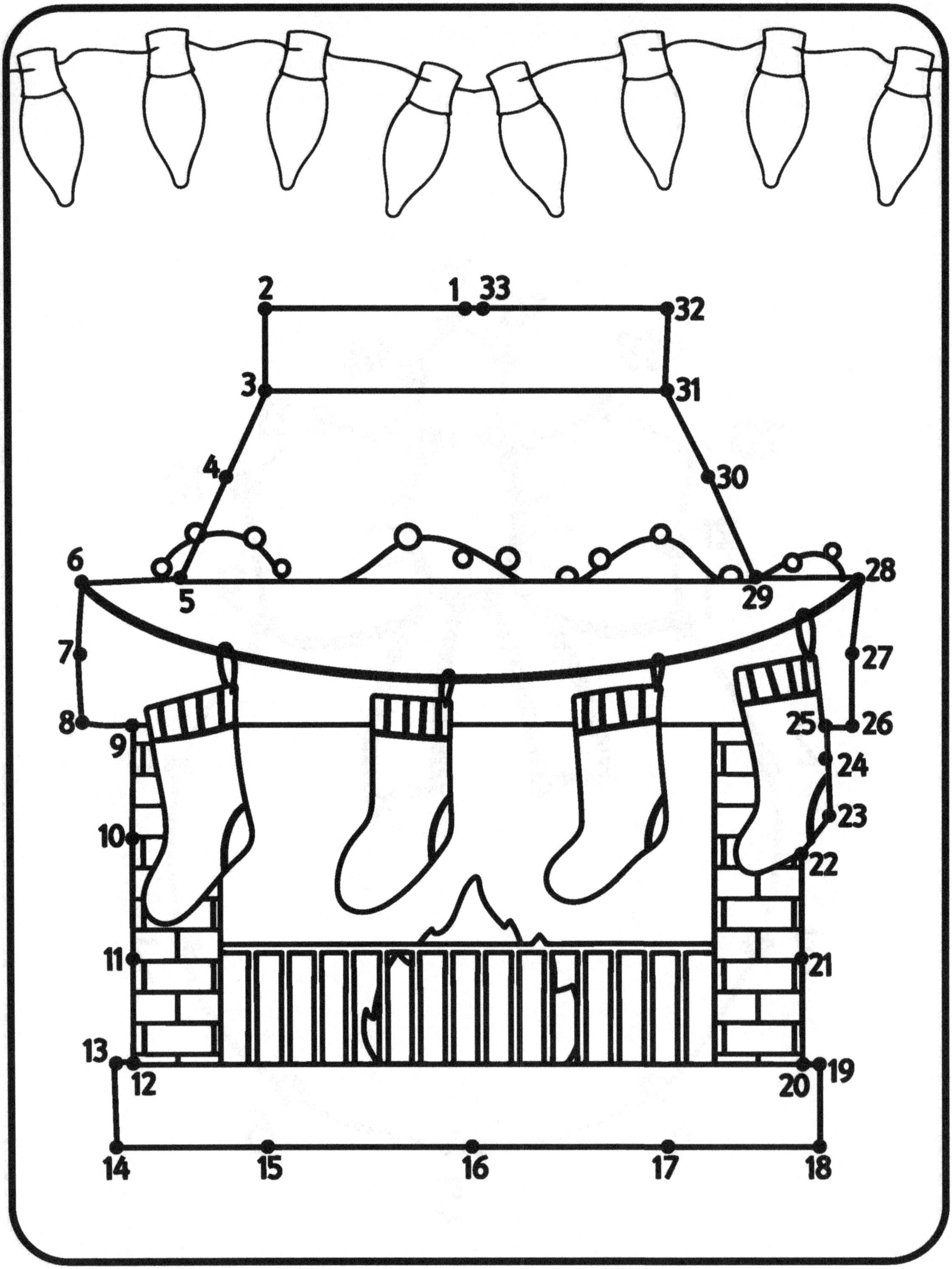
1 33
2
32
3
31
4
30
6
5
29
28
7
27
8
9
25 26
24
10
23
22
11
21
13
12
20 19
14 15 16 17 18

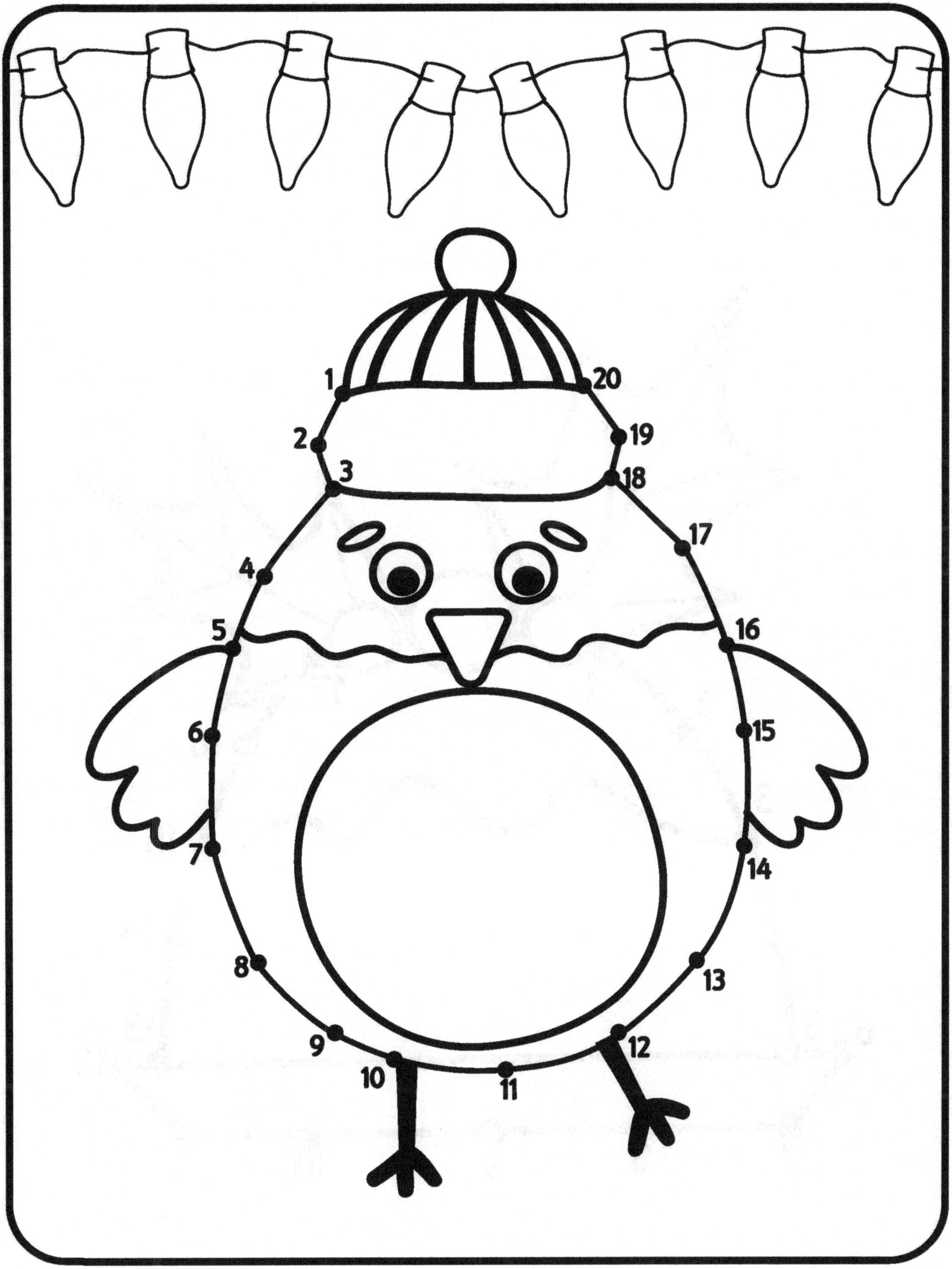
1
2
3
4
5
6
7
8
9
10
11
12
13
14
15
16
17
18
19
20

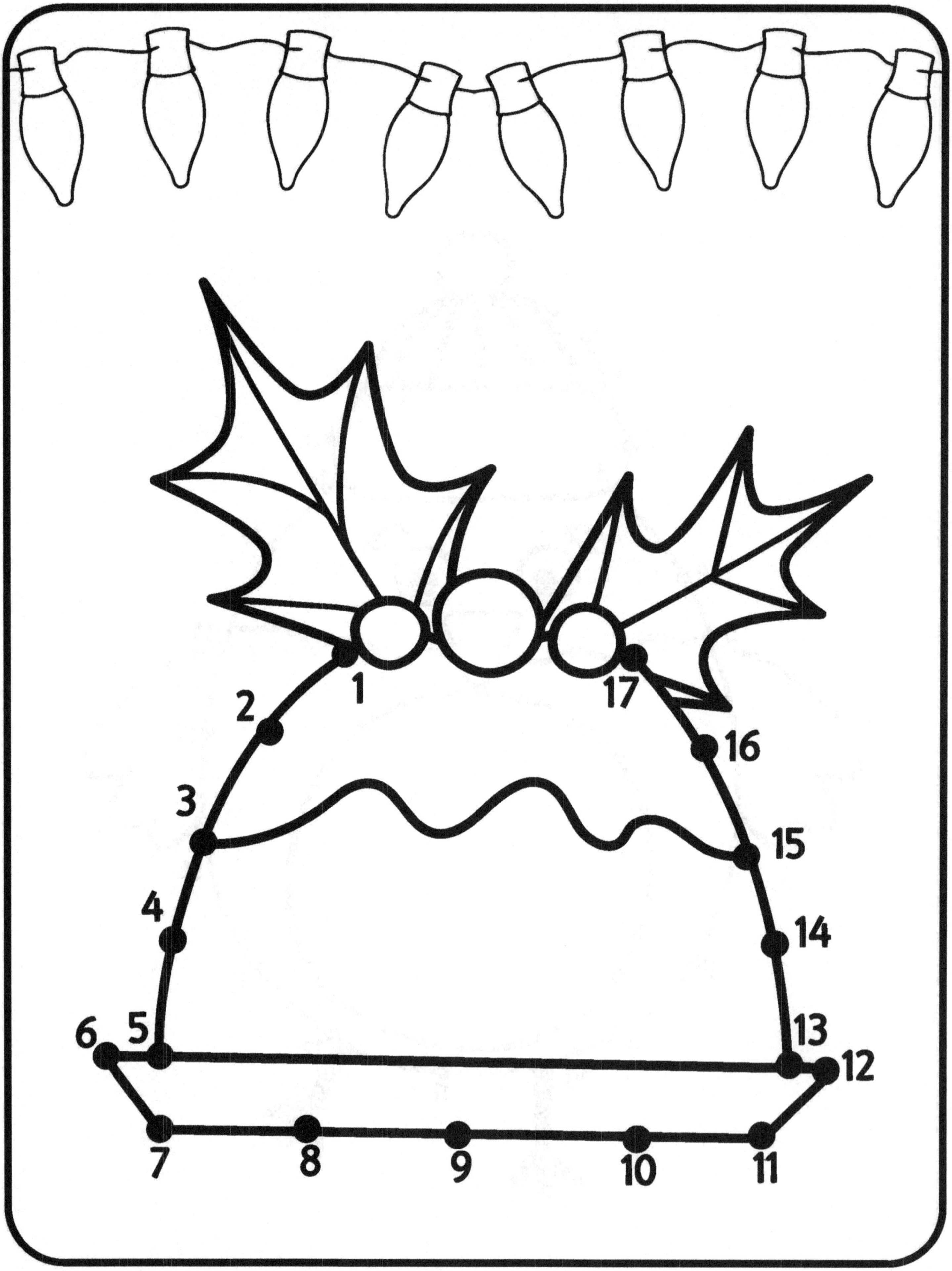
1
2
3
4
5
6
7
8
9
10
11
12
13
14
15
16
17

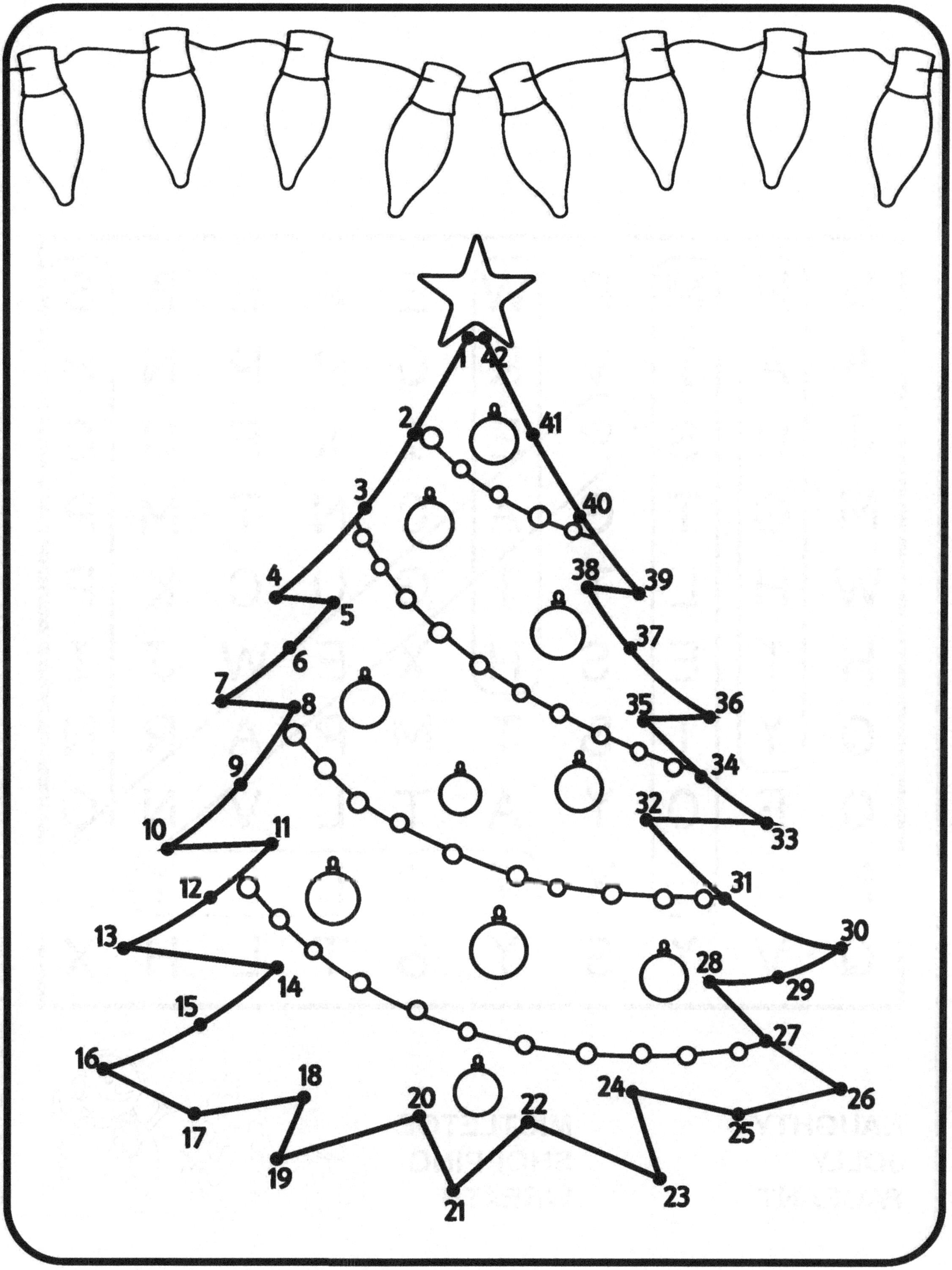
1
2
3
4
5
6
7
8
9
10
11
12
13
14
15
16
17
18
19
20
21
22
23
24
25
26
27
28
29
30
31
32
33
34
35
36
37
38
39
40
41
42

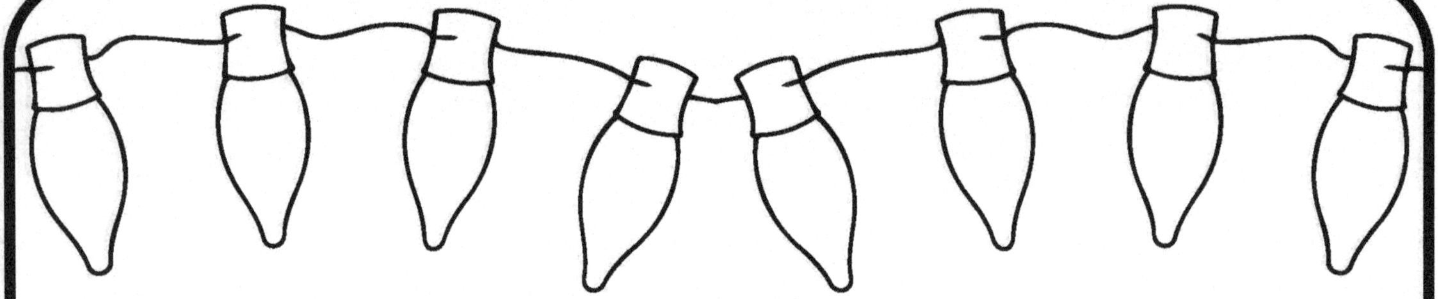

S	N	M	P	W	E	P	L	B	S
A	A	I	V	R	O	P	P	N	H
J	U	S	P	E	I	X	F	U	O
M	G	T	G	A	O	N	T	M	P
W	H	L	T	T	G	U	C	K	P
H	T	E	S	H	X	E	W	J	I
Q	Y	T	B	T	M	R	A	R	N
O	F	O	Y	A	T	L	V	N	G
B	Q	E	X	J	O	L	L	Y	T
Q	V	Y	S	Y	B	T	L	H	X

NAUGHTY
JOLLY
PAGEANT

MISTLETOE
SHOPPING
WREATH

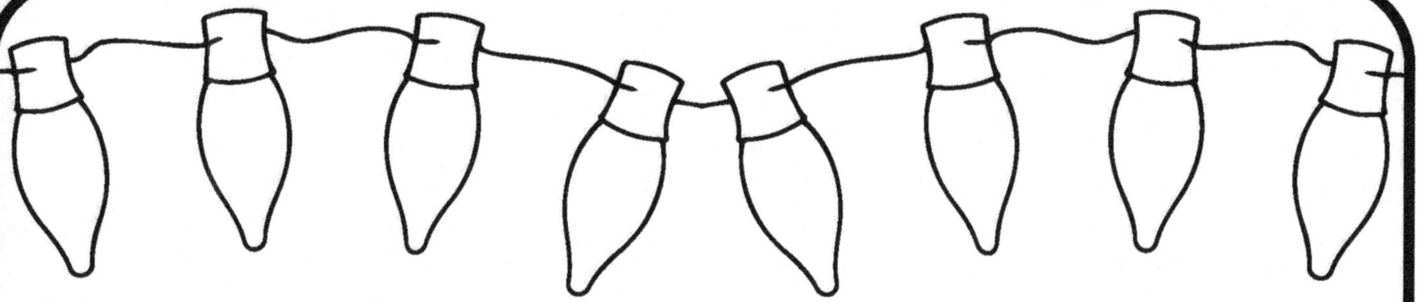

S	A	N	T	A	C	E	S	Y	S
P	K	D	J	M	Q	D	O	R	D
G	I	B	X	R	H	M	C	S	W
U	F	N	V	G	O	V	K	T	Z
X	N	C	E	Y	S	V	S	R	G
V	N	O	Y	C	C	N	T	E	Y
V	X	C	D	H	O	L	O	E	D
Z	Q	N	G	T	B	N	L	W	V
Q	K	D	A	B	K	V	E	N	J
Z	R	E	I	N	D	E	E	R	P

SANTA
SOCKS
REINDEER

PINECONE
TREE
SNOW

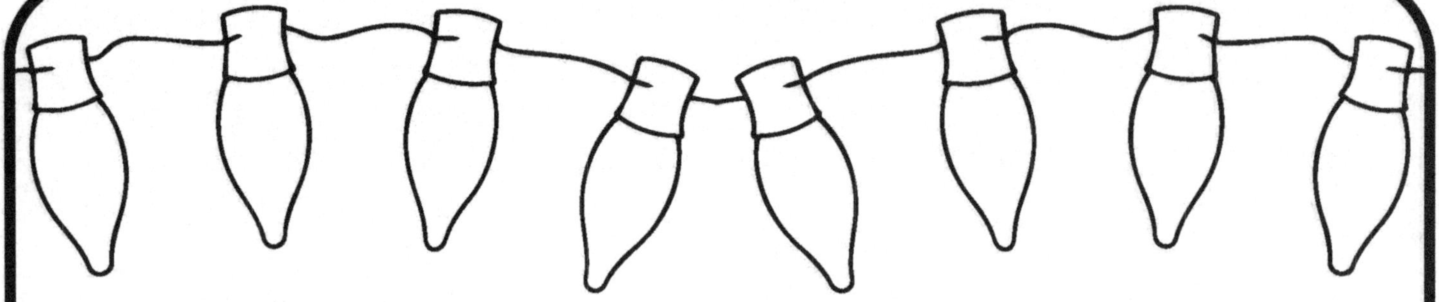

C	N	S	R	S	E	P	K	S	L
C	A	V	A	O	T	L	T	O	Y
J	O	D	T	K	N	N	D	X	P
O	B	M	I	T	T	E	N	S	I
H	G	E	I	I	S	G	Y	I	E
K	Z	K	R	A	M	P	U	S	D
L	I	G	H	T	S	S	D	V	S
J	N	O	E	L	X	W	W	Y	Z
A	T	P	W	C	W	Q	H	V	G
D	G	I	V	L	R	O	Z	T	S

MITTENS
LIGHTS

NOEL
PIE

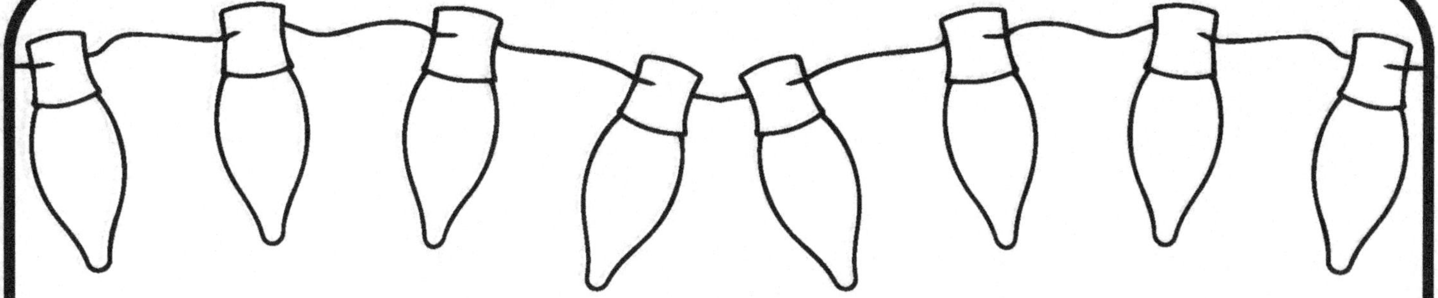

F	F	R	U	I	T	C	A	K	E
M	I	S	B	U	W	U	O	H	R
X	H	R	F	J	E	S	U	S	O
S	P	O	E	E	G	G	N	O	G
Z	R	C	T	P	X	X	M	V	E
G	A	X	G	C	L	D	P	U	B
I	B	I	W	M	I	A	R	Q	U
F	C	P	S	N	D	D	C	W	M
T	A	F	A	O	B	B	E	E	A
D	F	N	J	Y	J	J	Q	R	Z

EGGNOG
JESUS
FIREPLACE
HOT CIDER
FRUITCAKE
GIFT

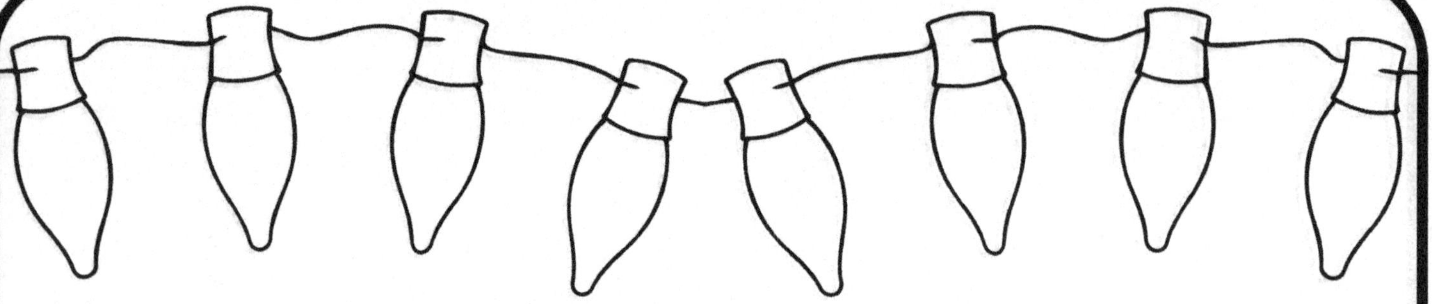

C	U	N	K	U	J	K	F	B	V
L	B	U	W	C	B	C	O	J	V
G	L	K	P	O	L	A	B	A	T
G	U	C	H	O	D	N	T	J	I
G	S	A	N	K	A	D	N	G	V
M	T	N	X	I	U	Y	R	M	K
E	E	G	Y	E	W	C	C	F	K
L	R	E	S	H	X	A	A	D	L
F	Y	L	T	N	H	N	R	V	K
F	B	X	Q	G	V	E	D	I	Z

ANGEL
BLUSTERY
COOKIE
CANDY CANE
CARD
ELF

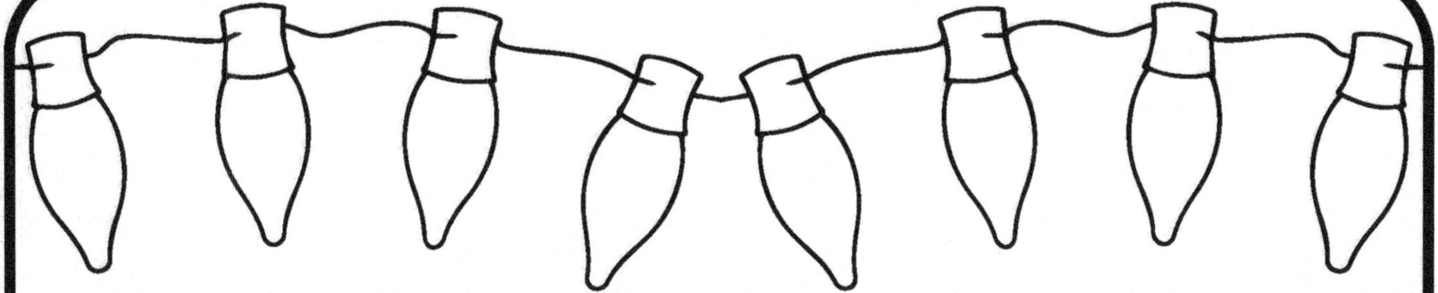

B	V	A	M	X	V	T	Y	G	V	N	K	N	T	W
X	S	D	B	F	O	S	S	A	R	L	P	F	P	L
G	G	G	L	P	W	B	C	A	R	U	I	Y	Z	X
C	T	V	R	C	C	S	G	G	E	R	W	I	G	I
L	C	Y	Y	E	A	X	I	G	X	F	V	A	C	U
A	O	Q	S	D	E	P	B	C	E	Y	G	I	T	H
N	L	D	N	T	W	T	R	A	Y	X	C	O	A	A
E	D	F	E	E	H	R	I	J	T	L	X	E	A	L
D	Z	V	F	O	M	G	H	N	E	Z	G	P	Q	P
J	R	M	N	M	A	H	I	O	G	G	G	K	O	B
I	J	W	I	P	L	U	H	L	N	S	O	M	D	F
S	J	O	U	R	N	O	R	O	I	Y	L	C	L	F
U	K	X	P	O	L	V	G	Q	R	K	O	E	P	S
P	M	L	J	L	O	X	P	M	P	T	T	J	Q	U
T	N	S	Y	Y	E	F	M	B	F	K	I	J	X	Z

BOX
CAP
COLD
EGGNOG
ELF
FEAST
FIR
GREETINGS
HOLLY
ICICLE
ICY
IVY
JOY
LIGHTS
LOG

I	L	H	A	P	P	Y	R	X	J	P	F	E	O	Y
A	Q	E	H	W	R	A	C	S	H	R	I	Z	F	S
S	S	D	T	P	R	Z	N	C	Z	A	R	X	Y	I
C	R	M	V	A	C	Z	R	R	I	R	E	S	O	S
A	H	E	E	N	R	L	F	O	C	S	P	M	N	N
R	H	P	T	O	J	O	I	O	D	G	L	C	W	O
F	F	E	X	A	T	H	C	G	I	N	A	Z	Z	W
Z	R	A	J	I	E	E	O	E	T	I	C	G	T	P
Z	L	E	M	P	K	W	L	P	D	D	E	Q	B	F
Z	T	H	E	I	Y	N	S	T	E	I	I	U	Z	J
K	Z	K	G	D	L	U	L	G	S	T	Z	Y	H	N
S	S	U	B	A	N	Y	X	B	I	I	K	A	J	J
V	Y	O	D	A	B	I	Z	D	S	F	M	H	V	G
K	W	F	H	G	R	E	E	N	P	P	T	F	W	R
W	B	Q	P	U	Q	L	S	R	W	G	B	T	U	A

BOW
DECORATE
FAMILY
FIREPLACE
GIFT
GREEN
HAPPY
HOPE
MISTLETOE
REINDEER
SCARF
SCROOGE
SNOW
SWEATER
TIDINGS

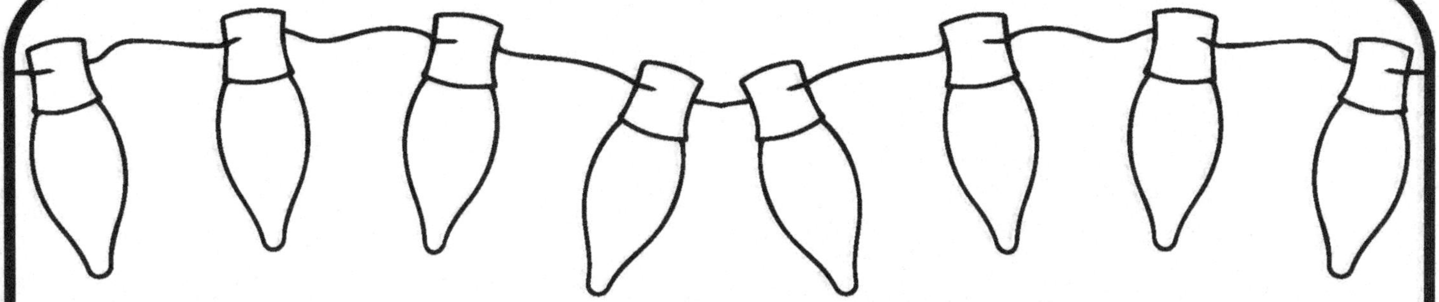

N	J	A	C	K	F	R	O	S	T	A	E	X	U	W
K	Q	J	N	Z	W	Z	P	G	U	I	A	I	C	F
F	R	C	A	M	D	W	J	D	T	E	R	N	P	C
K	O	H	R	R	L	Y	Q	W	L	E	B	B	H	S
T	U	P	A	R	T	R	I	D	G	E	C	A	K	L
B	Y	T	O	O	T	L	N	U	N	Z	R	A	I	N
B	N	J	H	C	Y	A	Q	Z	F	I	T	S	Y	Q
O	V	A	N	M	C	R	E	B	T	E	T	Q	X	F
O	T	R	M	N	Y	F	R	Y	Q	V	I	L	V	P
T	V	Z	U	W	B	C	D	E	B	G	M	Q	F	M
S	C	T	R	D	O	R	V	S	M	U	N	Z	X	D
U	B	E	Y	T	A	N	H	V	F	M	Q	L	I	R
F	D	Q	E	C	J	B	S	D	W	R	E	A	T	H
Q	Y	O	X	E	V	E	R	G	R	E	E	N	B	I
G	U	V	C	K	N	P	Q	C	A	R	O	L	L	L

BOOTS
CANDLE
CARD
CAROL
CHARITY
EVERGREEN
JACK FROST
LIST
MERRY
PARTRIDGE
PIE
RED
SKATE
SNOWMAN
WREATH

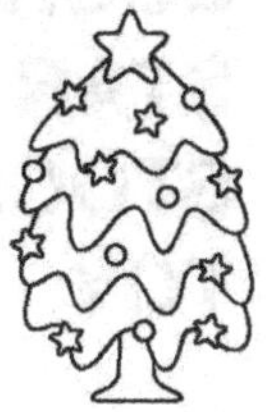

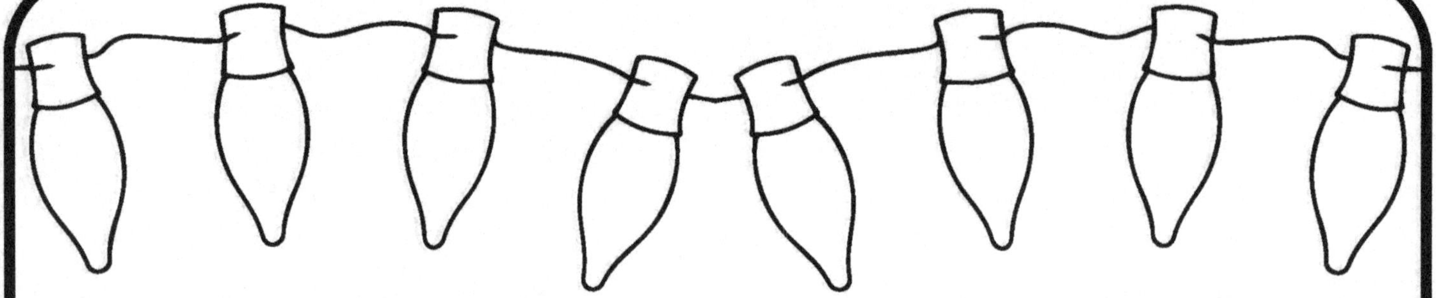

F	S	Q	R	C	Q	P	L	N	P	F	G	S	Z	I
W	A	J	P	D	B	W	N	Z	O	M	K	R	R	H
W	L	F	E	S	D	R	E	T	K	C	E	M	G	N
X	E	L	V	U	S	N	L	T	O	X	X	I	P	C
G	S	P	N	A	E	G	O	S	J	M	E	H	E	S
R	B	L	A	L	Q	X	P	Y	A	L	N	R	Z	Q
C	V	W	U	C	S	M	H	S	S	H	O	S	Y	E
A	Z	R	G	A	N	X	T	T	K	S	C	M	O	R
O	V	A	H	T	E	R	R	O	S	I	E	N	T	H
M	D	P	T	N	T	I	O	C	Z	W	N	R	K	R
A	P	V	Y	A	T	R	N	K	I	W	I	E	X	A
Q	Y	U	I	S	I	A	V	I	R	U	P	C	G	T
B	Q	Y	S	S	M	F	E	N	K	F	X	D	T	S
A	H	W	M	T	I	S	S	G	Z	O	I	Z	N	O
X	W	Z	T	Y	T	T	L	L	M	S	L	D	N	H

MITTENS
NAUGHTY
NORTH POLE
PINECONE
SANTA CLAUS
SLEIGH
SOCKS
STAR
STOCKING
TOY

WISH
WRAP
XMAS

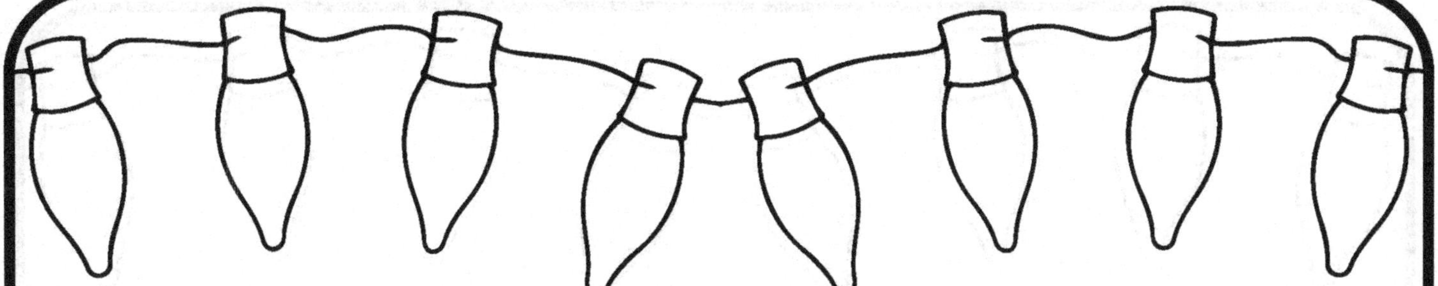

V	A	T	L	V	C	F	B	N	C	K	O	V	S	G
S	Y	X	O	J	N	N	S	S	U	E	V	I	G	O
K	S	V	V	E	V	Q	E	R	C	W	O	G	T	Q
R	V	Y	E	L	R	A	S	F	R	O	S	T	Y	D
P	Y	S	G	K	S	H	G	V	J	N	G	K	N	N
R	Z	T	K	O	N	V	M	R	O	S	O	W	O	L
K	O	O	N	I	O	J	Z	S	L	I	R	S	E	C
U	Y	E	P	Q	D	R	I	E	L	Z	S	S	L	N
K	P	P	M	I	N	C	E	N	Y	J	N	Z	Z	J
B	Y	N	U	W	E	E	R	T	G	I	S	V	P	W
N	H	Z	F	E	I	L	K	I	T	L	C	M	G	U
U	G	X	D	U	W	R	V	Y	B	O	E	W	K	A
U	U	Z	S	M	G	M	H	O	A	B	D	I	M	D
Y	O	G	X	Z	K	U	K	L	F	C	O	M	A	L
D	B	L	E	C	I	O	J	E	R	J	P	N	Y	V

BOUGH
COAL
FROSTY
GIVE
JINGLE
JOLLY
LOVE
MINCE
NIPPY
NOEL
REJOICE
RIBBON
SEASON
TINSEL
TREE

1
2
3
4
5

16	+	17	=	33
+		-		+
9	-	13	=	-4
=		=		=
25	+	4	=	29

29	-	7	=	22
-		+		-
19	+	10	=	29
=		=		=
10	-	17	=	-7

15	+	1	=	16
+		-		+
12	-		=	2
=		=		=
27	+	-9	=	18

18	-	20	=	-2
-		+		-
4	+		=	7
=		=		=
14	-	23	=	-9

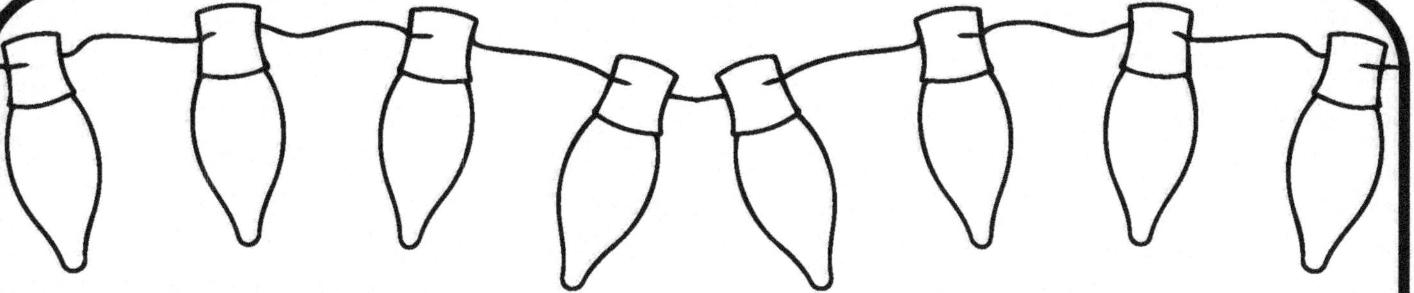

Multiplication

3 x 1 = 3	7 x 1 = 7	10 x 1 = 10
3 x 2 = 6	7 x 2 = 14	10 x 2 = 20
3 x 3 = 9	7 x 3 = 21	10 x 3 = 30
3 x 4 = 12	7 x 4 = 28	10 x 4 = 40
3 x 5 = 15	7 x 5 = 35	10 x 5 = 50
3 x 6 = 18	7 x 6 = 42	10 x 6 = 60
3 x 7 = 21	7 x 7 = 49	10 x 7 = 70
3 x 8 = 24	7 x 8 = 56	10 x 8 = 80
3 x 9 = 27	7 x 9 = 93	10 x 9 = 90
3 x 10 = 30	7 x 10 = 70	10 x 10 = 100

x5
1 2 3 4 5 6 7 8 9 10 11 12
5 10 15 20 25 30 35 40 45 50 55 15
x7
1 2 3 4 5 6 7 8 9 10 11 12
7 14 21 28 35 42 49 56 63 70 77 15
x9
1 2 3 4 5 6 7 8 9 10 11 12
9 18 27 36 45 54 63 72 81 90 99 15
x11
1 2 3 4 5 6 7 8 9 10 11 12
11 22 33 44 55 66 77 88 99 110 121 15

Multiplication Table :

4 x 1 = 4	6 x 1 = 6	8 x 1 = 8
4 x 2 = 8	6 x 2 = 12	8 x 2 = 16
4 x 3 = 12	6 x 3 = 18	8 x 3 = 24
4 x 4 = 16	6 x 4 = 24	8 x 4 = 32
4 x 5 = 20	6 x 5 = 30	8 x 5 = 40
4 x 6 = 24	6 x 6 = 36	8 x 6 = 48
4 x 7 = 28	6 x 7 = 42	8 x 7 = 56
4 x 8 = 32	6 x 8 = 48	8 x 8 = 64
4 x 9 = 36	6 x 9 = 54	8 x 9 = 72
4 x 10 = 40	6 x 10 = 60	8 x 10 = 80

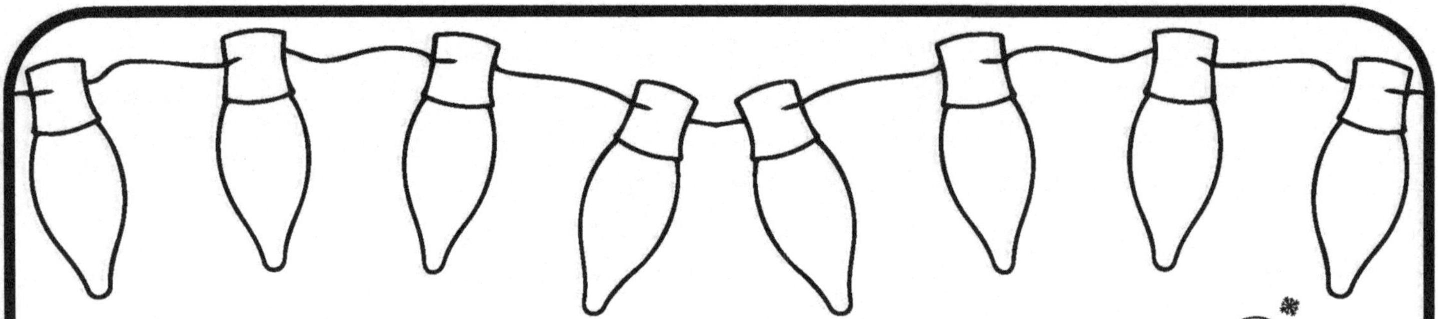

Write The Odd Numbers :

1	2	3	4	5	6	7	8	9	10
11	12	13	14	15	16	17	18	19	20
21	22	23	24	25	26	27	28	29	30
31	32	33	34	35	36	37	38	39	40
41	42	43	44	45	46	47	48	49	50

Write The Number of Pairs :

1	2	3	4	5	6	7	8	9	10
11	12	13	14	15	16	17	18	19	20
21	22	23	24	25	26	27	28	29	30
31	32	33	34	35	36	37	38	39	40
41	42	43	44	45	46	47	48	49	50

Write The Prime Numbers :

1	2	3	4	5	6	7	8	9	10
11	12	13	14	15	16	17	18	19	20
21	22	23	24	25	26	27	28	29	30
31	32	33	34	35	36	37	38	39	40
41	42	43	44	45	46	47	48	49	50
51	52	53	54	55	56	57	58	59	60
61	62	63	64	65	66	67	68	69	70
71	72	73	74	75	76	77	78	79	80
81	82	83	84	85	86	87	88	89	90
91	92	93	94	95	96	97	98	99	100

Write the Compound numbers :

1	2	3	4	5	6	7	8	9	10
11	12	13	14	15	16	17	18	19	20
21	22	23	24	25	26	27	28	29	30
31	32	33	34	35	36	37	38	39	40
41	42	43	44	45	46	47	48	49	50
51	52	53	54	55	56	57	58	59	60
61	62	63	64	65	66	67	68	69	70
71	72	73	74	75	76	77	78	79	80
81	82	83	84	85	86	87	88	89	90
91	92	93	94	95	96	97	98	99	100

Addition

14 + 24 = 38	2+5+7 = 14	224 + 333 = 557
24 + 8 = 32	9+2+6 = 17	658 + 367 = 1025
9 + 16 = 25	4+3+8 = 15	478 + 236 = 714
9 + 51 = 60	2+3+4 = 9	384 + 677 = 1061
13 + 32 = 45	2+3+5 = 10	986 + 779 = 1765
30 + 11 = 41	6+4+8 = 18	
18 + 10 = 28	5+6+3 = 14	
10 + 40 = 50	3+7+9 = 19	
40 + 20 = 60	2+6+8 = 16	
54 + 11 = 65	5+8+6 = 19	

Subtraction

11 - 1 = 10

19 - 8 = 10

20 - 3 = 11

9 - 2 = 7

20 - 6 = 14

18 - 5 = 13

25 - 3 = 22

33 - 5 = 28

39 - 7 = 32

50 - 12 = 38

13 - 5 = 8

15 - 4 = 11

10 - 7 = 3

19 - 5 = 14

15 - 6 = 9

25 - 7 = 18

17 - 4 = 13

20 - 5 = 15

30 - 10 = 20

35 - 20 = 15

$$\begin{array}{r} 24 \\ -\ 7 \\ \hline 17 \end{array}$$

$$\begin{array}{r} 33 \\ -\ 9 \\ \hline 24 \end{array}$$

$$\begin{array}{r} 27 \\ -\ 11 \\ \hline 16 \end{array}$$

$$\begin{array}{r} 35 \\ -\ 15 \\ \hline 20 \end{array}$$

$$\begin{array}{r} 40 \\ -\ 20 \\ \hline 20 \end{array}$$

Multiply

4 x 5 = 20	6 x 4 = 24	10 x 6 = 60
4 x 4 = 16	6 x 0 = 0	4 x 10 = 40
5 x 2 = 10	6 x 6 = 36	10 x 2 = 20
4 x 9 = 36	7 x 6 = 42	4 x 4 = 16
3 x 8 = 24	8 x 5 = 40	7 x 2 = 14
5 x 6 = 30	7 x 7 = 49	9 x 4 = 36
6 x 3 = 18	0 x 3 = 0	4 x 5 = 20
7 x 5 = 35	3 x 4 = 12	6 x 5 = 30
9 x 3 = 27	5 x 3 = 15	9 x 6 = 54
7 x 3 = 21	5 x 5 = 25	10 x 10 = 100

CONGRATULATIONS!

Excellent work! I am sure that there were some obstacles along the way, but you persisted and finished the activities. Hooray!

I also want to give a HUGE THANKS to our staff at Kids Castle Press for making these books a reality. It wouldn't have been possible without them. Fell free to visit out website below to show them some love!

In addition, if you'd like us to send you more free content to print out, you can do so by visiting our website: www.kidscastlepress.com

You can email us for a chance to win a free physical copy of our next book. (info@kidscastlepress.com)
Don't miss out as we won't be doing this forever... it's a limited time only!

Lastly, if you like this book, would you be so kind as to drop me a review on Amazon?

Thank you very much!

Jennifer L. Trace

ACTIVITY PRO CERTIFICATE

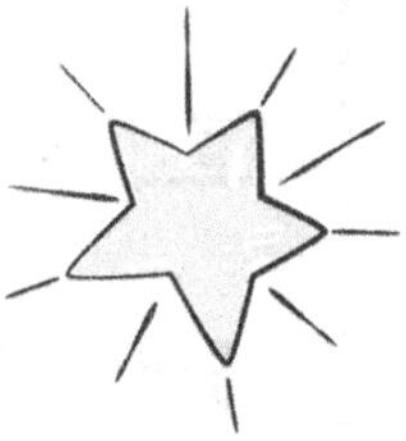

____

Date: ____________ **Signed:** ____________

Made in the USA
Las Vegas, NV
01 December 2025

35541078R00059